寻城记

吴玉林 主编

"发现闵行之美" 闵行区政协文史丛书编辑委员会

主　任　　祝学军
副主任　　潘金平　王一力　汪小帆　王　敏　沈永铭　谈为民　韩朝阳
委　员　　邢红光　朱　奕　孙雪春　方加亮　顾建平　宋爱民　李啸瑜
　　　　　程　佳　陶兴炜　巫　岭

《百舸争流辑·寻城记》编辑委员会

主　任　　朱　奕
副主任　　郁　青
委　员　　李　晶　顾　红　王海滨　朱志荣　吴玉林
主　编　　吴玉林
副主编　　赵　韵

总　序

祝学军

习近平总书记指出,"文化自信是一个国家、一个民族发展中更基本、更深沉、更持久的力量。"

闵行区承上海县700年历史文脉,更有史前"马桥文化"5000年之历史渊源和深厚积淀,其前身上海县的立县历史可追溯到元代至元二十九年(1292),是上海"建置之本",人们口中的"先有上海县再有上海市"并非妄语。明清时期的上海县交通便捷、经济发达,受松江府城的近距离辐射,经济、文化、城镇发展均优于其他地区;在近代城市化进程中,既没有彻底洋化,也没有固守不变,从而成为农耕文化、商贸文化与近代海派文化的相生、相融之地,独具地域文化特色。

改革开放以来,闵行区经济社会发展成就显著,经济总量、财政收入、居民生活水平、城市化进程、公共服务等诸多指标均位列上海各区前茅,闵行经济技术开发区、紫竹高新区、莘庄工业区引领经济发展。所以，闵行是上海的工业基地、科创新区，也是当之无愧的经济强区。同时，闵行集聚了上海交大、华东师大、航天八院、中国商飞等众多高校科研机构，各文化艺术门类、文化艺术团队及文化名人遍布全区各地，是上海的人文高地和名副其实的文化大区。

闵行区的前世今生，堪称海派文化的发祥之地。闵行区政协牢记肩负的文化使命，若干年之前，区政协文体委就组织开展了闵行文化资源的调查，据当时调查报告所示，作为闵行区文化资源重要组成部分的地方历史文献，未能及时系统整理出版，为此提出了相关建议。2017年，区六届政协工作开局之初，就着手筹划闵行文史资料的编撰出版工作，由学习和文史委员会负责编制本届政协文史资料编撰出版工作规划，定名为"发现闵行之美"系列丛书，秉承"以人存书""以书存史""以史为鉴"的原则，计划每年编撰出版一辑5册，共五辑25册，分五年完成。从"民艺乡俗""岁月有痕""老巷陈香""故土之韵""百舸争流"五个方面，集结闵行历史文化之精粹，以飨众多闵行和上海读者。

编撰过程中，也碰到了很多困难，但有幸于闵行丰厚的历史和历代先贤留下的文化瑰宝，让我们充满底气；政协委员和社会各界的鼓励和支持使我们信心倍增。热切期盼得到社会各界持续关注、支持和热心指导。

让我们共同努力，传承好闵行灿烂的历史文化，谱写好未来的美好乐章！

目 录

1　总序
1　左手饮下千年历史，右手翻开今夜繁华（代序）

第一部分　岁月，在念念不忘中沉淀

3　曾经是上海县人
17　百年轮渡
33　"一号路"上老饭店
41　神秘的红房子
51　地铁莘庄站的"小红楼"
61　渐行渐远的朱行老街
71　再见，九星
77　怀念，不必留恋
86　从制造到智造

第二部分　遇见，在闲庭信步中品味

95　艺术殿堂的门为谁而开
102　在这里，来一场邂逅
110　大隐于市

116	30年，只为打造好一盏琉璃
122	一杯茶，一本书，一下午
133	有方向，答案才会浮现
140	如此高端美
145	新瓶装老酒
153	"霹雳"来袭
161	从旭日升，到夜幕降

第三部分　脚步，在目不暇接中流连

173	从"去上海"到"来闵行"
187	从"老外街"到"阿拉城"
199	让自己重活20岁
202	不可控性的魅力
205	闵行"一街"
213	越"夜"越美丽
217	"郊野"之美
225	出门就是"都市森林"
231	有一种味道日久弥新
245	韩国村＆台湾街的黄金混合
251	养云安缦：古宅的前世今生

259	后记

左手饮下千年历史，右手翻开今夜繁华

代序

　　一首家乡老歌，千回百转，熟稔而怀旧。每当今天成了明天的历史，城镇由于古老而变得更有生命力了。于是老镇成了新城。

　　总因为有些老底子托着，闵行算是耐得住寂寞的，经历了时间的冲刷，仍然保持着厚重的底色。沉默多年的马桥文化遗址，风云不惊地诉说着曾经的璀璨故事；百年西闵线轮渡，伴着滔滔江水，多少悲欢离合在这里演绎；漫步在黄浦江第一湾的滨江公园里，感受一下与水相依的生活方式；又或者走在斑驳灯光映照下的老街，说不定，恍惚间就看到了旧时的庙会盛景。

　　左手饮下千年历史，右手翻开今夜繁华。闵行的名胜古迹和游览景点并不算多，但总还有些可圈可点的地方，时常会在不经意间给你带来惊喜。比如地处西南角的马桥，就有耐看的景致：田野中矗立着的一幢幢农家别墅和安缦酒店、国际网球场相互交融，一点也没有违和感，反而让你领略到"绿色活力新镇"的独有风景。尤其是对身处喧嚣的城市人来说，这是一个被欣喜牵引着的世外桃源。

一直感慨"七宝"这个地名起得如此直白，以一种富有的自豪向世人炫耀。一如沿着七莘路而建的商业地产：宝隆、南国、富丽、万科……看到造型各异、色彩各异、布局各异的住宅小区，感慨还在其次，傲娇已占据了主导。每当夜幕降临，沿七莘路长长的一条灯光带散发着各有情趣的光芒。如今，与千年老街毗邻的CBD商务区正在不断扩大，蒲汇塘倒映着城市的品质生活。

谁不想体验一下异国风情？虹桥，这个曾是上海"菜篮子"基地的乡镇，已成为充满着商业气息的繁盛之地，随处可见的异域情调总能让人流连忘返。一到傍晚，在老外街、韩国街，各色人等摩肩接踵，上下客的出租车、商务车、私家车挤成一团，形成交通"堵点"，仿佛是此地人气旺盛的最佳证明。餐馆、酒吧、购物商店，都成了我们与异乡人精神交流的媒介。

当然，闵行的魅力还远不止于此。有市井，有雅集，又不脱离时代，闵行在这截然不同的两种气象中变换：一面是固守光阴的老镇，一面是高歌猛进的新城。如果你问闵行具体是什么样的，可能并不会得到一个准确答案，因为在这里，古朴与时尚并存，活力与激情四射，想要了解一个完整的闵行，你必须走过每一寸的土地。

在敏读亭，寻找诗词歌赋里的烟柳如画；到城市书房，探索万千世界里的奇思妙想；去酒吧，体会淋漓尽致的镬气；传统美食里尝到的是内涵丰富的实在；花开四季的绿道孕育了生活慢哲学；璀璨景观灯下的城市越"夜"越美丽……你会发现，在繁华的外衣下，这些才是这座城市最生动的内里。因为它知道，宜居，是一座城市最根本的使命。

今天生活在闵行的一部分人，他们生于斯长于斯，清晨和斜阳，疏影和花墙，都深深镌刻进生命里，流淌出原汁原味的闵行人的血脉和性格。还有一部分人，他们远离家乡来到这里，也许，这就是他们憧憬的城市，更是他们所憧憬的"未来"发生地。

无论是生于此地还是迁徙而来，生活在闵行的人都在跟这座城市一同蜕变，在不知不觉中向着更加美好前进。我们有理由相信，这座新城在不久的将来定会持续释放光芒，精彩必将继续。

郁　青

2018年10月

第一部分

岁月,在念念不忘中沉淀

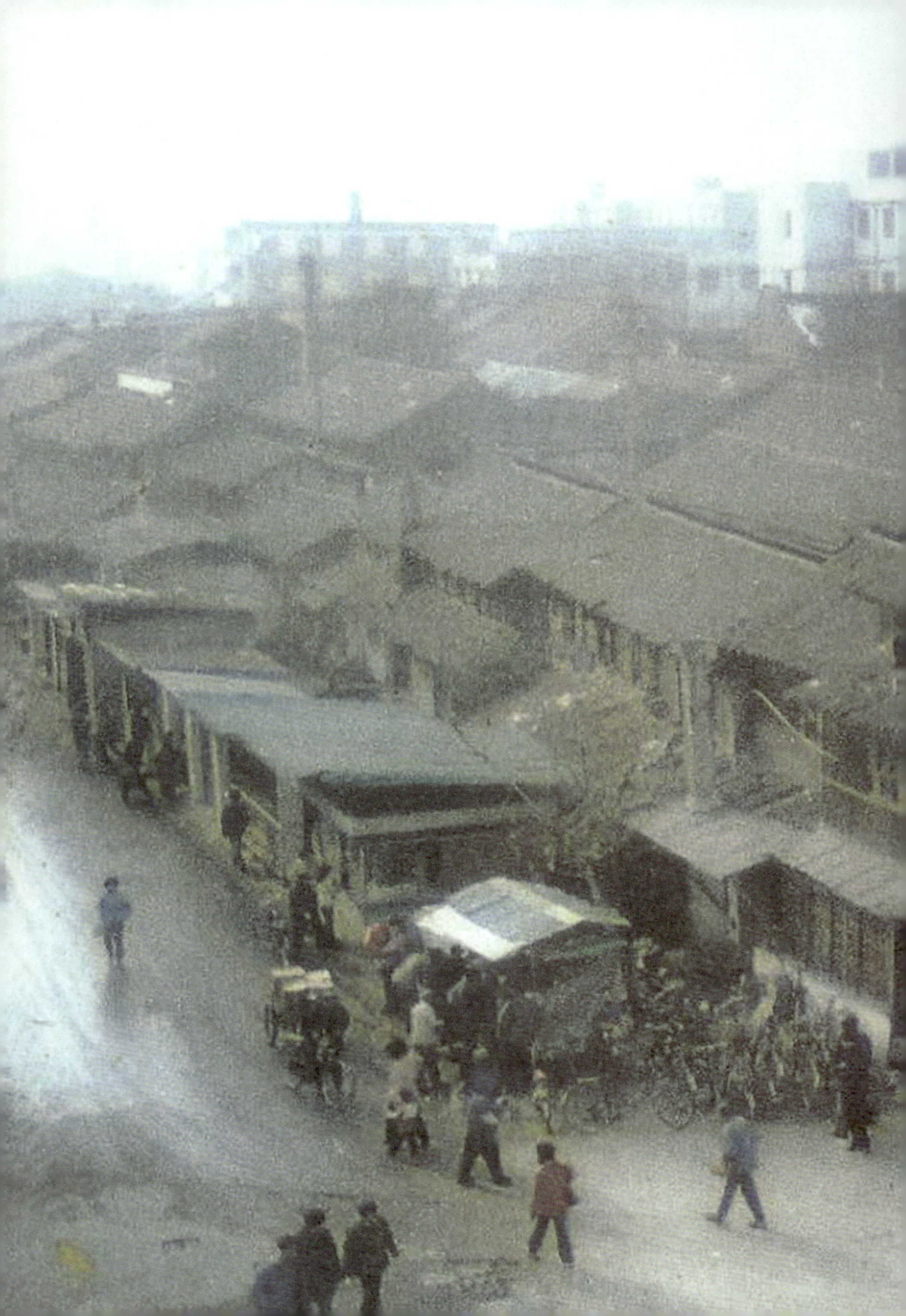

曾经是上海县人

写在前面的话

以前填写履历,在籍贯一栏里总会习惯填上"上海县"。无论是小学、中学还是大学,乃至到20世纪90年代初参加工作时。

直到1992年底,便有点不知所措了,因为上海县被撤销了,与原闵行区合并,设立了新的闵行区。

从此"上海县"这个地域名词成为绝唱,以"310221"开头的身份证序列号就此结束。

莘建路上那幢自1960年起为全县人民服务的县委县政府机关大楼,

原上海县政府所在地莘庄镇中街(1960年 褚半农供图)

原位于莘建路上的上海县机关大楼

后来一度作为闵行公安分局的办公场所。新的闵行区行政大楼则设在了莘庄地铁站北沪闵路水清路口西侧。这一晃也有25年之久了。

如今,原县机关大楼已不复存在,原址建起了居民区、商业大楼。哪怕是原籍上海县的八零后、九零后们也几乎没有印象,或者根本不知道这里曾经有过那么一幢建筑,并发生过什么,但是对于许许多多的老上海县人来说,却印象深刻难以忘却,尤其是对曾经生活、工作在大院里的人来说,影响更是深远,感念至今,记忆犹新。

风雨三十二年,这幢县机关大楼见证了上海县的发展和历史变迁。其实说见证也不是太准确的,它在某一阶段直接影响或左右了我们这个地区的未来。

往事并不如烟。

那些难忘的身影

大约1985年,县委书记找我谈话。我第一次感到,县机关老大楼离我是这么近。

以前,我也接触过这座老大楼。但那时,人、楼是相隔的。比如说,"文革"期间。

我17岁那年,被学校红卫兵团派到莘庄去当"联络员"。那时,上海县三所中学——七宝中学、莘庄中学,还有我们虹桥中学运动最活泛,

老莘庄人都记得曾经设在上海县政府门前的这排宣传栏

它们联合成立了个什么组织，驻在县城莘庄，我校就把我和老同学陈许良——20年后的劳动模范派了去。我俩晚上住莘庄中学，白天就待在县机关老大楼里。所谓"联络"，纯粹晃荡而已，倒是给了我一个熟悉老大楼的机会。

那时县级机关的格局，以莘建路为主线。老大楼在路北，与莘庄中学门前那条路，构成"丁"字。老大楼以西的建筑，近些的有县府大礼堂、县文化馆，再西面，是县委招待所；最西面，是县看守所……

老大楼面朝南，呈"凹"形。凹进的一大片，就是楼前广场。绿化、停车、升旗、做广播操，都在这里。楼的正面，是县委县政府的"部、委、办"；西侧裙楼是"公、检、法"，东侧裙楼是"粮、商、财"。

老大楼沿莘建路起了围墙后，就成了封闭性大院。进深不深：穿过老大楼的中门，踏上一条甬道，就能见到一座绿树环抱的小楼。小楼有多个叫法，有叫"书记楼"的，有叫"小办公楼"的，还有叫"小洋楼"的。其实这楼很朴素，砖木结构，只因为书记县长在这办公，就显得有些神秘。

"凹"型的县委老大楼，历年来正面变化不大，两侧倒是变化不断。

"公检法"那一侧，面朝广场的东门最早封闭，象征着公检法的相对独立。他们在莘建路边上另开一扇大门，自成一片。

"粮商财"那一侧，也有一扇面朝广场的大门，多少年都开着。似乎表示，"主力局"永远与县政府一体。

"粮商财"那侧裙楼的东边，后来也开了一扇面朝莘建路的大门。倒不是"主力局"想干什么，而是"两办"（县委办、县政府办）工作不断强化：车子多了，小车班要扩大；年轻干部多了，宿舍要建设……小车班就是在这东门进出的。

整个莘庄镇,规模最大的建筑数莘庄中学教学楼。县机关老大楼只是由于它的地位,才有了一种"不言自威"的神气。这幢沉默干净的大楼里,有的是人气、官气、文气,唯独没有烟火气。政府食堂设在大院之外、莘建路之南。吃饭要走过莘建路。与堂堂办公楼相比,那食堂实在太土。它是本地一座"绞圈房子",青砖、黑瓦、大灶、长桌。每每开饭时,长长的队伍里,总站着孩子和老人,他们拿着打饭锅子、盛菜饭盒。那是县里干部的家属。他们不做饭,在机关食堂搭伙。县里有不少"南下干部",他们的孩子老人都说北方话,有的老太太还是小脚。

机关食堂样子虽土,伙食却是好的。若干年后,食堂迁入大院,就在老大楼后面,相距一箭之遥。每到饭点,干部们就从各层楼涌下来,走过林荫道,去食堂排队。行走其间,有人丁兴旺之感。那时食堂与县农场、县牧场挂钩,菜蔬禽肉新鲜,价格也好。厚厚的一块红烧肉,五花肉做的,卷心菜打底,只卖壹角伍分。在食堂掌勺的,都是大师傅,每餐的饭菜都做得喷香扑

当年莘庄镇的商业街风貌

鼻。进机关食堂吃饭是一种享受，并非夸张。

大楼小楼，飘过许多历史风云，留下许多我尊敬的名字。有些人，我17岁当"联络员"时还见过，老书记老县长中有：萧少华、刘本裕、杜述古、朱思学；后来的，有陶奎璋、凌斯培、盛亚飞、郭祖光……

32年前找我去县机关老大楼谈话的，是县委书记凌斯培。他是一位老革命。在这短小的篇幅里，我不愿匆忙地写他。他是改变我人生的人。对于他，我有长长的话要讲。只因人们一提起老大楼，我就想起他。他在我心目中，跟老大楼是完全相融的。老大楼后来倒了，老书记的身影，却永远不倒。

（文/彭瑞高）

生逢灿烂的日子

对我来说，县机关大楼不是一幢建筑，而是我童年、少年，乃至青年时期的记忆。

从我记事起，就跟这幢大楼结下了不解之缘。我的父亲是县委机关干部，他在这里工作到退休。

我们家住县机关家属楼，家属楼分为三片区域：机关大院、老四楼和新四楼，我家在新四楼，县机关大楼的斜对面。机关大院早已拆除不复存在，但新、老四楼还在，都老旧了，今年初我还特地过去拍了些照。印象特别深刻的是，每年冬季，莘建路上忽然会热闹起来，原来一年一度的征兵送兵开始了，街上锣鼓喧天，乌泱泱一大片戴着大红花的军装男儿。

在县大楼西侧有个大礼堂，我们叫它"大草棚"，窗户是用竹竿撑起来的。我最喜欢门口的两棵法国梧桐树,经常就是把皮筋这么往树上一系,能跳出各种花样来。挨着县文化站,每每看到文化站门前人多了,我们就急着"打探"有没有电影或者演出,若是有,路口食品店里5分钱一包的盐金枣是必须买的,其实放的什么电影我已经记不大清了,但盐金枣的甜甜咸咸,却让人回味无穷。

我对县机关大楼一点不陌生,而且有种天然的亲近感,也许是爸爸在这里上班的缘故吧。跟着爸爸去那里,最好玩的莫过于大楼的木扶梯,很宽,从四楼滑到一楼,实在是刺激。楼梯的每一层转弯处面积很大,都放着一个乒乓球桌,我只知道每到中午,台子是要抢的,而打乒乓球厉害的人往往是我们崇拜的对象。

大楼里还有一个很受欢迎的地方,不记得是二楼还是三楼,是一个

撤二建一后,上海县机关大楼一度为闵行公安分局办公场所(陶兴炜供图)

会议室，里面有一台电视机。那时候一般人家是买不起电视机的，我们家属楼里的人想要看电视必须到这里，天冷的时候就穿上大棉袄，戴上帽子、口罩、围巾，全副武装等在这里。只有两个台，中央台五频道和上海台八频道吧，节目只有新闻和电影，却已让我们这些大院的孩子很过瘾了。可平时电视机都会上锁，我从来不敢央求爸爸打开。

今年10月，我们家属楼的老邻居们搞了次聚会，有位发小回忆起机关食堂，说那是个雅致的私人花园，还有葡萄藤，我们这些"吃食堂"的孩子们有时早早到了，菜还没开始卖，就呼朋引伴爬上矮矮的围墙，看进出的人。其实在印象中县机关大楼的大门也没有想象中那么森严，进出自由，当然那时老百姓们不会随意来这里的。

从机关食堂里的内廊直走，可以到中街，离泡水的茶馆不远，边上好像还有一家当时在莘庄算来最好的饭店，我有一位女发小说她那时一直有去里面大吃一顿的渴望。老街上总是有妇女们坐在门口，手里拿着钩针编结丝线，后来才知道编结工艺是莘庄的一大手工艺特色，现在成了上海市的非遗保护项目。老街边上还有条河，从北街过中街就是一座桥，桥下不远处是一个浴室，天冷的时候孩子们便会跟着父母去那里洗澡，每次出来都感觉很爽。

20世纪70年代中后期，娱乐生活很匮乏，电影、电视虽然有，却也不是经常能看的，我们的信息来源基本就是听收音机。每天吃完晚饭，大家搬着凳子到某个邻居家，听"中央人民广播电台"，凑成一堆聊聊天。

住在老四楼和新四楼的，大人们基本是在县机关大楼里工作，虽说职务有高低，但相处很融洽，简单纯朴，大家往往都互称"老王""老刘"……我们这些小孩子也是见人就喊"叔叔""阿姨"。我爸爸当时是县委办主任,每次他带我进大楼时,总要求我同门卫老伯伯打招呼,连看到油印间的师傅,也必须要问声好。那时不管是县委县政府主要领导的孩子,还是普通工作人员的子女,根本没有所谓"官二代"的概念。大家热热络络玩在一起,谁调皮过了头,都会被家长"吃生活"。

在家里,我们基本上都是自己照顾自己,兄姐照顾弟妹,不会去痴缠忘我工作的父母长辈。父辈们的革命工作热情之高,是现在的人难以想象的。像我爸爸,往往都是我临睡了,他才刚刚结束工作回到家,再累也不忘走到我床前摸摸我的头。我们家住新四楼的二楼,有一回他赶材料到深夜,回来后半天开不了房门的锁,原来他错走到隔壁去了,差点被人当"贼"抓了,闹了个不大不小的笑话。我还记得爸爸有段时间经常要去浦东调研,每天是骑自行车来回的。其实不只是他这样做,那时的干部都是这样的,没有什么特殊待遇,风里来雨里去,匆匆忙忙,工作热情却始终饱满。

我读完莘庄中学,考入了上海师范大学,机缘巧合,毕业后竟被分配到了上海县团委,就这样,我又回到了县机关大楼,成了这里的正式一员。后来有人问我是否如鱼得水,因为周围都是"熟人"啊!却不知正是因为这样,我被爸爸教育,强调要有良好的工作作风。工作日我每天会起个大早,赶到办公室后抓紧时间拖地、泡水。这些都是父亲的言传身教。

在20世纪80年代,共青团组织的活动非常多,而我一直觉得,正是那几年,大大锻炼了我的组织协调能力,也为我今后走上街镇领导岗位打下了良好的基础,当然在实践中,我更加深刻地理解了父辈们常说的"努力工作、团结同事、吃苦在前"的意义。

20 世纪 60—70 年代莘庄镇平面示意图

20世纪60—70年代莘庄镇平面示意图（刘琼供图）

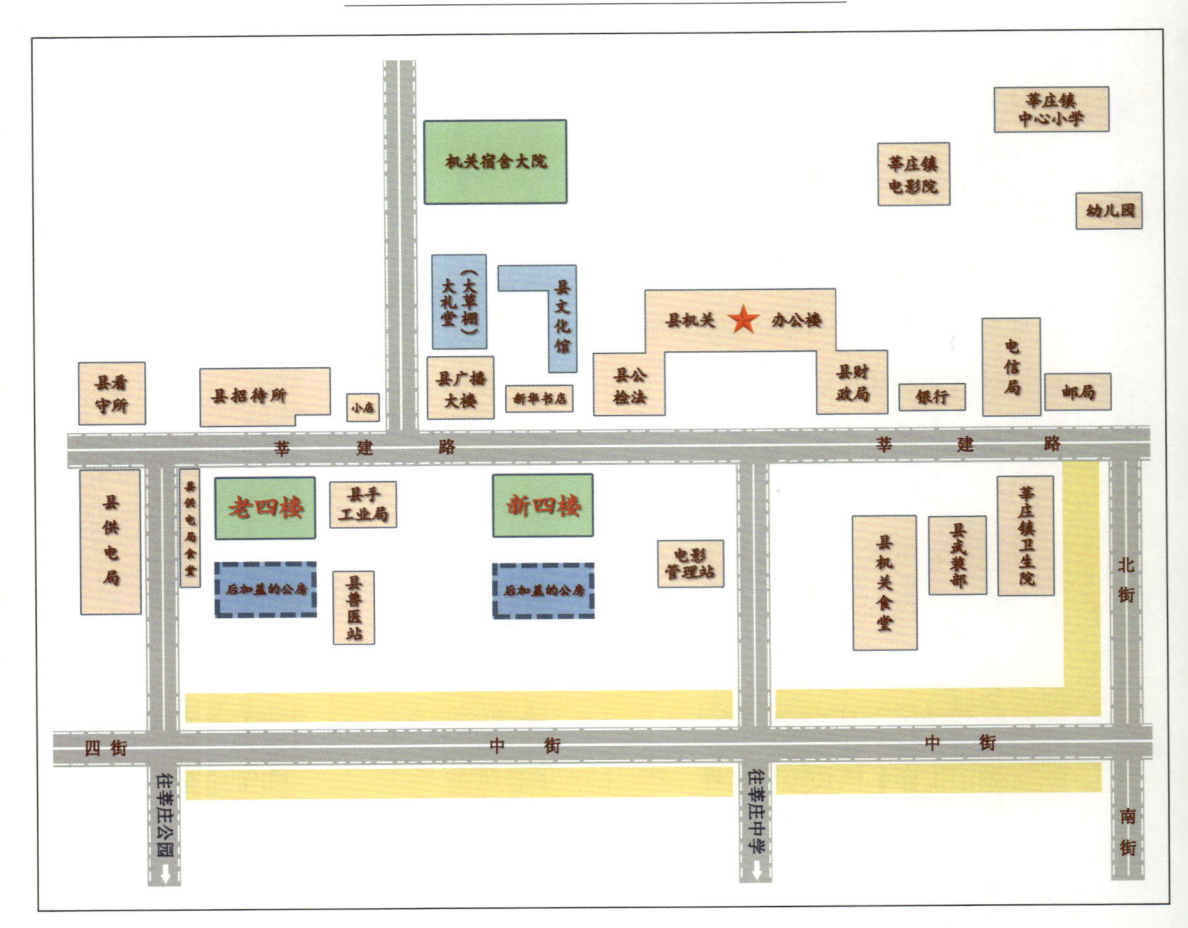

几十年过去了，今天的莘建路，早已没有当年县城中心的任何感觉了，机关大楼的原址上建起了商务大楼和住宅小区。最近，我们曾经一起生活在机关大院，新、老四楼的家属和子女们建了几个微信群，还搞了几次聚会。当年的发小们再相遇，大家谈起过往的日子，有说不完的话。很多长辈也都乘兴而来，某个我已经叫不出名字的叔叔紧握着手中的照片，甚是激动和兴奋，说自己又找到了"组织"，更希望我们这些小辈每年都要举办这样的聚会！是啊，生逢灿烂的日子，如果不是县机关大楼，没有老四楼、新四楼，哪来这般浓浓的邻里情深？

令人惋惜和痛心的是，父亲退休后没几年，不幸因病去世了，到今年正好是20年。我不知道他的病是不是积劳成疾所致，但他对工作的高度投入，对革命事业的忠诚，以及为人处世的低调和朴实无华，同时对家庭对子女的关爱，却对我的人生影响至深。

（口述/刘琼　整理/王艺锦）

链　接

上海县县治迁移史

1291年（元至元二十八年）8月19日（农历七月廿四日）上海县设立，县治定在宋朝设立的上海镇（后来称为南市的地方），县衙设在上海镇来榷场（后来称为十六铺）。

1298年（元大德二年）上海县县衙从来榷场迁至曲家湾（现在南市光启路县左街口）。

1915年（民国四年）上海县政府从曲家湾迁至杨家桥，现在南市蓬莱路171号地方（曾经成为南市公安分局的那个大院）。

1927年7月7日设上海特别市，上海县治所在的南市地区划归上海特别市，成立之初上海县治未迁移，上海县府寄居上海市。

1931年6月上海县决定县政府迁至北桥（位于现沪闵公路北松公路口），并开始在北桥进行新的县政府各机关的场所建设，1933年1月建设完毕，正式迁入。

1945年抗战胜利，8月17日重庆派来的接受上海县的人员到达上海县三林乡（现属于浦东新区三林镇），上海县政府组成人员马上借三林镇南行街26号康姓私宅办公，后考察北桥原县府诸建筑损坏严重，需要重修，故决定先暂驻闵行镇待北桥县府建筑修复后再迁回。

1945年10月上海县政府成员从三林南行街迁往闵行镇北庙（现在的今新闵路530—532号）办公。

1948年7月北桥的县府建筑修复完工，县政府成员从闵行迁回北桥原址办公。

1949年中华人民共和国成立后，县政府成员继续在北桥原址办公。

1954年4月上海县人民政府从北桥迁往闵行镇建设路1号（后为闵行三中所用）。

从法理上讲1931年6月到1954年4月北桥都是上海县治，只是由于种种原因寄住过南市杨家桥（1931—1933）、三林南行街（1945）、闵行镇北庙（1945—1948）。

1958年8月上海县人民政府迁往西郊哈密路1330号（现属于长宁区）。

1959年2月上海县人民政府迁回闵行镇建设路1号。

1959年12月成立闵行区，成立之初上海县人民政府未迁移，上海县府寄居闵行区。

1960年12月上海县人民政府从闵行镇迁至莘庄镇张家花园（现莘建路201号）。

1992年12月上海县撤销，与闵行区合并设立新的闵行区，新的区政府设在莘庄地铁站北沪闵路水清路口西北侧。

（以上部分内容参考《上海县志》）

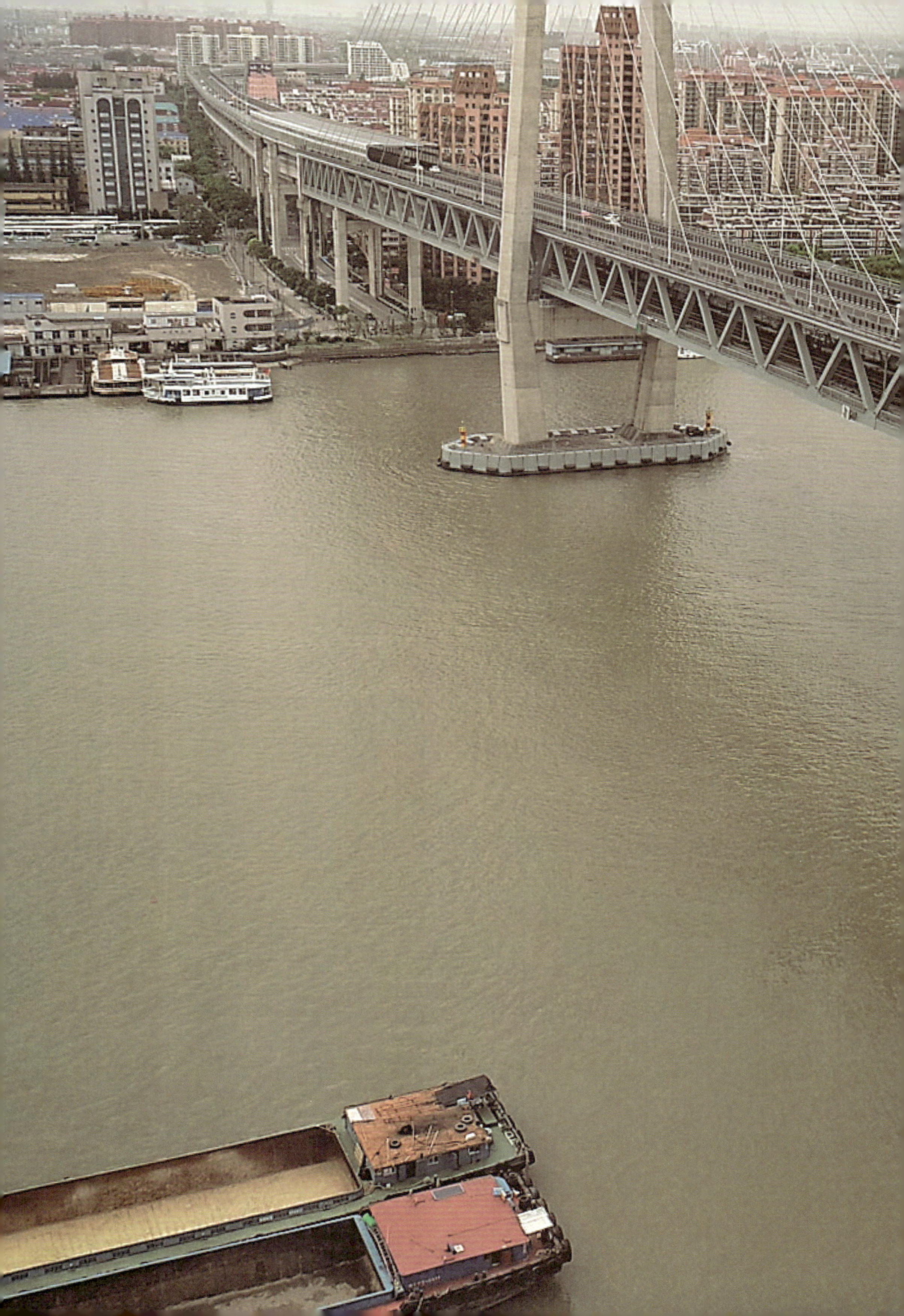

百年轮渡

吴玉林　徐静冉

去西闵线轮渡站采访那天，天阴沉沉的。上海这几年的冬天都号称"暖冬"，但气温还是一天天降下来了，站在黄浦江岸边，一阵阵寒风袭来，让人不禁簌簌发抖，不由得拉拉衣领，紧了紧脖子。

轮渡站位于闵浦二桥右侧，二层楼高的建筑颇显陈旧，而办公室更是简陋，无论是办公桌、椅子沙发，看上去都有些年头了。当天的值班长张莹客气地让座，并向我们解释道，他们的头儿，也就是闵行轮渡营运分公司的经理卢景良去市轮渡公司开会了，他虽然也是个老轮渡人，1987年

浦江两岸的大桥陆续建成，渡口已没有了当年的繁忙景象

西闵线轮渡航线曾是奉贤连接闵行和市区的交通要道

就参加了工作，但很长时间是在上游的米市渡口，2010年因米市渡停运，才被调到这里。"情况不是最熟哦。"

正聊着，办公室里进来了人。张莹忙起身，对我们说，这是老胡，胡龙军，他在这里做了四十多年了，情况比我熟得多了。

张莹同我们打招呼，得先走一步，要去码头上值勤。"安全最重要，疏忽不得。"他嘿嘿一笑。

奉贤人到闵行，就像闵行人到市中心

西闵线客渡航线是奉贤西渡到闵行的航线。

"这条航线已经有百年的历史了，而我在这里工作了整整42年，吃了

20世纪30年代的西闵线码头旧照

一辈子'轮渡饭',明年就要退休了。"胡龙军现在负责这里的考勤工作,"我是老闵行人,闵行中学1975届的毕业生,后来就被分配到这里,从此没有挪过地方。"刚开始时,他负责售票、检票,后来又去汽渡轮上做水手,再后到客渡轮上做轮机,现在年纪大了,船上干不了,又回到地面上了。"就等退休了,颐养天年。"

和胡龙军一样情况的还有他的同事宋志辉,同是老闵行人,而且也是从闵行中学毕业的。"我们同届,但不同班。"老宋对我们说,当时一同分配来的有很多人。他一来就做水手,而后是轮机,最后成为客渡船的驾驶员。"现在,这个渡口就要搬迁了,为了滨江大道的改造,移动一点位置,往西300米左右,对着兰坪路。"老宋还说,新的客渡站他是去不成了,那时候他同老胡一样已经退休了。"不过,我们这批人见证了闵行客

20世纪80年代的闵行渡口

渡的辉煌,想想还是蛮激动的。"

在奉浦大桥、闵浦二桥还没有建成通车之前,西闵线轮渡几乎是唯一连通闵行和奉贤的水路交通要道,再早的话,没建松浦大桥之时,金山往市区也是走这里。作为上海西南地区跨越黄浦江连接沪闵公路、沪杭公路的交通渡口,它的作用和历史意义不是一句话能带过的。

西闵线轮渡最辉煌时期当数20世纪90年代初,那时常备对江渡轮3艘,日均渡客量2.7万人次,年运输量达到千万人次。

"侬晓得伐,当初我们乘渡轮到闵行去,就像你们闵行人到市中心一样的。"家住奉贤邬桥的王永兴说。从他开始记事起,就觉得虽是一江之隔,但闵行和奉贤是"两个世界",一个天,一个地,一个繁华闹猛,一

20世纪30年代，闵行轮渡为沪杭公路咽喉

个是贫穷落乡，"连一条好好的路都没有。"摆渡到闵行就不一样了，闵行老街还没拆掉前，大街小巷人流熙熙攘攘，农贸市场上的菜也是新鲜价廉，"作孽啊，买肉也是闵行的好，"王永兴说。他第一次乘坐轮渡时，还是在20世纪80年代初，刚上初中，感觉十分新鲜。从邬桥到西渡差不多有9公里，他和几个小伙伴骑着自行车到闵行来，因为人太小，坐不上车座，只好把腿穿过斜杠"三角骑"。那时候，老闵行在他们眼里真的太闹猛了。因为没有钱，就到老街上随便逛逛，看到南北大街上的汤团店里挤满了人，买汤团要排队，还觉得很奇怪，因为这东西在乡下太常见不过了。

1994年，王永兴来到闵行经济技术开发区的第一精工企业上班，坐轮渡就成了常事，在他看来，那时整个奉贤的小青年们似乎都到闵行来"寻生活"了。这话自然有点夸张，但当时闵行开发引进了诸多世界500强企业，需要大量年轻员工，因为待遇高福利好，吸引了对江金汇、邬桥、西渡等离闵行仅一江之隔的附近乡镇的青年。每天上下班高峰时，渡口到处是人，密密麻麻，拥挤不堪。遇到大雾天，都要排出去好几百米远。连汽渡轮都要帮忙载人，下完客船就调头返，否则就载不完人。

这一点老宋和老胡也给予了证实。他们说，作为水手和驾驶员，遇到这种情况，就在担心"船被踏沉下去了"。每天来来往往，心都悬在嗓子口，紧张得不得了。老宋和同事们起早贪黑地维护秩序，焦灼地等待轮渡靠岸，以疏导人流。

老宋说，以前也遇到过这样的情况。奉贤人善种西瓜，每到夏季，西瓜上市，奉贤的农户就要采摘好西瓜运到闵行来售卖，西瓜不经放，时间长了要坏掉，所以一到晚上，渡口全是运西瓜的人和车，那时车是手扶拖拉车，用柴油，开起来"叭叭响"，经常要排两三个小时的队才能乘上船。这样的情况会持续一个多月，直到西瓜下市。

江水滔滔，往事知多少

西闵线客渡航线是有年头的客渡线，闵行渡口是有历史的渡口。

凭借地理位置和水利条件，闵行老镇自古就镇市兴盛，闵行外滩很早就设有摆渡口，它地处米市渡与闸港之间的黄浦江中游，其前身称瓜泾塘。明代专记抵御倭寇史事的《筹海图编》称，"江南经略，皆以闵行为渡，黄浦入松江府通衢，故称水路要津"。

该渡设于清末民初，最早为民间手摇摆渡。

1932年，连接沪杭公路的闵行轮渡由全国经济委员会主持办理"于该地之黄浦江两岸筑成钢引桥连跫船浮码头，并造柴油钢壳渡船'经航'一艘，以供汽车渡江之用，每次可运载两辆小型汽车和70名乘客，车、客混装。同年10月10日正式通航。设立了闵行汽车轮渡管理处，是全国官办车辆轮渡之始。"次年10月4日，又增添驶"济航"号轮，每渡可载10辆小型汽车及载客120人。闵行轮渡为沪杭公路咽喉，往来车辆甚多，每月平均流量近千辆次和三万余人次。

1937年8月13日，日军飞机轰炸闵行轮渡，闵行轮渡码头被炸毁一部分，"经航"渡轮被炸沉，尔后"济航"渡轮也被日军掠往南京浦口作渡轮。沦陷期间，维持汽渡的是日军征用两艘15吨木船并排扎在一起载车，再用拖轮拖带渡江。抗战胜利后，由民间以原两艘木船并扎，手摇渡江。由市轮渡公司相继置登陆艇1艘及由驳船拼接改装的简易汽车渡轮一艘恢复渡运。

1946年4月，闵行当地35人合伙集资购置一艘木壳轮船，取名"顺风"一号渡轮，可载客60人，经营闵行至西渡的白天渡运业务。同年又置一艘同类型船作为备用，取名为"华泰"轮，并成立民营"闵渡公司"。1952年改为"闵渡轮运行"，1953年并入"沪南轮运行"，1956年合营于松江专区航运局所属"松江轮船公司"。

1958年原松江专区所辖各县划归上海市辖后，经上海市公用事业管理局决定，闵行轮渡于4月1日划归于上海市轮渡公司接管，统一经营管理闵行车、客渡航线，称西闵线。因西闵线客渡码头长期与长途客运合用，乘客上下、货物装卸都很不安全。1962年，在新建长途客运码头的

这里承载了一代又一代人的记忆

同时，也新建了对江渡候船室。

西闵线曾于1967年、1987年、1993年、2007年经过几轮改造，迁建。2011年7月，市轮渡有限公司撤销原轮渡站建制，成立营运分公司，西闵线隶属闵行营运分公司。

由于地理位置特殊，自古以来南来北往的商船和车马途经闵行时纷纷靠岸，到镇上歇歇脚，谚语有云"尴里勿尴尬，闵行要过夜"。闵行老街则趁势敞开大门，为八方旅人提供服务，成为各路客商的中转站，也让老街日益繁荣起来。20世纪40、50年代，闵行老街商家聚集，是上海地区粮米、棉花、毛猪的集散地之一。

闵行本土文史专家张乃清先生在史料收集中发现了闵行渡口的名人痕迹：1937年8月，郭沫若从日本潜回上海，投身抗日救亡运动，在黄浦江两岸开展战地慰问工作。8月24日下午,郭沫若、田汉和夏衍等一行前往奉贤南桥张发奎司令部。途经闵行摆渡口时,为等候前去慰劳张发奎总部的上海各界抗敌后援会成员,郭沫若一行便在闵行渡口停留了约二三十分钟,在闵行外滩街兜了一圈。

而据蒋经国《沪滨日记》和本地教育家张翼主编的《明心报》记载,1948年,蒋经国在上海打"老虎"失败后,辞去上海经济管制区副经济管制督导员之职,于11月6日带了秘书高理文与几个知己乘汽车作杭州之游。上午8点左右,蒋经国途经闵行镇,在轮渡口下了车,买了一包五香豆腐干和一碗小馄饨,边吃边打听镇上的米粮买卖行情。

正值时局动荡,物价飞涨,人心惶惶,出现抢购风潮,闵行镇镇长王用之着手成立米粮联合公卖处,并要求各粮行兼营山芋、芋头、玉米等杂粮,以补米粮不足。蒋经国得知镇上出现抢购风潮,便匆匆赶到大街视察实情,王用之闻讯慌忙赶去接待。蒋经国走过为了避免抢购而打烊避难的董惠大绸布店时火气大发,当即吩咐王用之勒令其歇业。说完,他长叹一声,扭头离开闵行老镇,而后的杭州之旅也玩得十分扫兴,在当天的日记中叹息:"一路风景虽美,但秋风红叶,使人发生伤感。"1948年11月28日,蒋经国派出他掌控的国民党青年军209师直属卫生营驻扎闵行镇。然而大势已去,历史性变革如浦江之水一样,正翻滚着新的浪潮。

曾在轮渡站工作一辈子,现早已退休的陈师傅清晰地记得,20世纪70年代,就在闵行渡口,他有很多次与大人物的"距离很近",虽然至今不敢确定具体是谁,"但是一定是大人物"。陈师傅说,因为当时对岸的奉贤设有驻军基地,领导人去视察,闵行渡口便是必经之路。每有"大人物"的车上了车渡口,陈师傅和同事们只能在人墙外眺望。

当年的闵行老街与西闵线渡口近在咫尺

宋志辉说，他在轮渡站倒是没见过什么大人物，但对一批人却是记忆深刻，那是从市区、闵行等地到奉贤五四、东风、星火等农场务农的知青。很多人一上去奉贤的渡船，就开始掉眼泪，尤其是女知青，更是哗哗地哭开了。实在还是因为市区和奉贤的条件相差太大，去吃这样的苦，让这些年轻人无法承受。而相反的，从西渡方向返回的知青则是笑逐颜开。

老宋说，那些知青对他讲，遇到下雨的时候，就不用出农活了，大多趴在窗台上，看着闵行方向，默默想家。

苦归苦，但轮渡还是要开下去的

和王永兴一样，同在第一精工企业工作的王余华也是西闵线轮渡的常客。

"以前摆渡船是敞开的,近些年变成了封闭的空调船,价格也上涨了不少。"王余华说,"他1992年到闵行来上班的时候,月工资差不多200元,船票才5角钱一张,且单向收费,到对江(闵行)是不要钱的,回去收钱;现在是船票2元,双向收费,如果骑自行车、电动车就要2.8元,用交通卡则能便宜1元,但仅限返程。一年下来,船票钱也要花一千多元呢。"

实际上,不光是来闵行的奉贤人,几乎每个闵行小孩也都有坐轮渡的记忆。

20世纪60年代,3分钱一个筹码,就可以买到去对岸奉贤的船票,在闵行老街长大的郭阿姨小时候最期待的就是轮渡靠岸的时刻,为了多坐几次轮渡,每到投筹码处墙上的"一米二"身高线时,她总是有意识地把腿

浦江两岸的大桥陆续建成,渡口已没有了当年的繁忙景象

稍稍弯曲，生怕超过免票标准线，"给父母省几分钱也好的"。轮渡就是孩子们的"新大陆"。多年后，郭阿姨自己为人母时，儿子小冯比她更迷恋轮渡。20世纪90年代，每到盛夏，小冯就吵着父母去闵行渡口，买一张3角钱的筹码，待轮渡靠岸，和一群小朋友们争先恐后抢着去轮渡的船头位置，享受迎面吹来的清凉江风。船抵达对岸奉贤，孩子们大多不下船，玩遍船上的每个角落。

胡龙军说，其实乘轮渡的人不知开轮渡人的辛苦。长期以来，在轮渡人中流行着一句话："天下三样苦，撑船、打铁、磨豆腐。"轮渡船员的工作的确很吃力。驾驶员整天和一只又笨又重的方向盘打交道，每天要盘几百次，一天下来，两只臂膀又酸又痛；轮机员则整天蹲在又矮又小的机舱里，听着驾驶员的命令，开动机器，一天到晚开车、吃排、前进、后退，热天热得汗流浃背，一步也不能离开机船间；水手的劳动强度则更高，整天拿着一根二十多斤重的缆绳，"套泥菩萨，拔牛尾巴，而且吃力不讨好"，特别是冬天，缆绳着水结冰，又硬、又滑、又重、又冷，捏在手里，冷到心里，而且船靠码头时又要将它抛到两三米以外的桩头上，然后用力拉紧。这样的操作，每天重复要近百次。

老胡说，盛夏时节，船甲板温度要达到六十多度，站在上面感到脚底都要烧起来。"当然，这点苦还没什么，压力最大的还是我做驾驶员时，前面老宋说过，遇到西瓜上市，人挤车、车碰人，一条船停下下完瓜和人，就要折返，累不说，安全问题很头疼，容不得半点马虎。"

"还有人给我们驾驶员起了个外号，叫'贼老大'，因为晚上江面视线不好，甚至会有没有灯光的小船在江面上穿行，所以不得不格外小心谨慎，时不时就要低着头，查看四周环境，就像做贼一样。"老胡道。

"我们轮渡船在没有全封闭前还经常发生有人喝醉酒摔下江的事情，当然其中也有包括轻生的。"老胡说，"还好一般都被及时救了上来。"现在在闵行工作的奉贤人胡永辉则清楚地记得，有一年过年，他在闵行饭店吃年夜饭，因为多喝了几杯酒，结果一坐上轮渡，被江风一吹，醉意就上来了，忘记了下船，往返了好几次，最后还是到午夜12点轮渡停驶时，被船员发现，才把他"搀"了下去。这件事至今还被工友们拿来打趣。

张莹现在最担心的是轮渡船员青黄不接。他说，西闵线轮渡，西渡和闵行职工加起来有九十多人，但就在明年，将有十多位像老宋、老胡这样的员工退休，可是新员工，尤其是年轻人招不进来。

"主要还是苦和待遇差。"老宋说。在轮渡值班室，我们恰巧遇到上晚班的奉贤小伙子小朱。他是客渡轮上的水手，今年才28岁，以前上班

和过去相比，现在这里多了不少楼宇，而那个轮渡站依旧在那里

住宿舍，现在因为结婚生子，就搬家里了。他一周里要上两个早班，两个晚班。早班的时候凌晨3点多就要到岗，因为头班船是4点开。晚班则要忙到12点半。他的孩子才20个月大，都照顾不了家里，就这种辛苦程度，工资才4000多元一个月。"所以我们这里都是老年人和中年人了，年轻人怎么会来啊。"说这话时，老宋一脸无奈。

"不过苦归苦，轮渡还是要开下去的，总有解决的办法，侬讲是伐？"老宋说。

百年西闵线轮渡，多少悲欢离合在这里演绎。轮渡渡过的不只是乘客们的一段旅程，还有每个人的希望、期盼和梦想。

在这里，我们寻获的不仅仅是一段段记忆，还有这座城市独特的气息。

链 接

闵行"外滩"

2013年，闵行滨江绿地项目正式筹建，计划以交通集散、文化休闲、宜人居住、生态建设等功能为核心，创造出充满活力的公共活动区域，营造出都市滨河新景观，提升地区环境品质，打造闵行区滨江沿线景观新地标和样板示范段。

作为前期重要规划项目之一，滨江公园占地面积约为36853平方米，

2013年，闵行滨江绿地项目正式筹建

东至沪闵路，南至黄浦江，西至兰坪路，北至建设路，以公共绿地为定位，满足了社区居民生活、休憩、体锻的需求，也为社区文化活动提供场地和空间。公园设置了可停泊约100辆车的地下停车空间，有效补充目前和未来静态交通设施的不足。

公园的整体设计以闵行传统的鼓艺、织艺和灯艺作为亮点，点缀以龙舟、春申阁、石子滩码头等富有江川地域记忆的文化元素；融合西方造景手法，公园区域选择了大量不同种类的树种，科学分布，以此展示文化的多样性。利用不同的植物季相特点，做到不同季节风光各异；作为老工业留存资源较为丰富的区域，闵行滨江公园为展现工业遗存的特色，在建设过程中力求"复古"，公园一期区域内还留存了一幢总面积达2800平方米的两层楼建筑，在后期修整后将"变身"为又一座老闵行历史文化陈列馆，着重展示上海汽轮机厂、上海锅炉厂等"四大金刚"企业创造的老工业基地工业文明和历史风貌。

绿地项目结合闵行轮渡站的迁建、新安市场的搬迁进行绿地景观以及滨江活动空间打造，使其成为黄浦江滨江景观的组成部分，作为滨江绿带的补充和延续。

闵行轮渡站将于2018年迁建至兰坪路和规划浦江路交叉口东南侧。新建成的轮渡站可摆渡客运流量约30000人次/日，水域码头为额定载客量1000吨，客运泊位两个，整体布局更加注重与公交线路的接驳，北侧紧邻滨江公交枢纽，有利于乘客的换乘；闵浦二桥东、西侧防汛墙也将进行改造，以达到防汛要求；作为滨江绿地项目的重要组成部分，浦江路新建工程西起兰坪路，东至沪闵路，全长444米，规划红线宽24米，道路等级为城市支路，设计车速为30公里/小时，同步实施道路、排水、绿化、交通标志标线、无障碍设施、信号灯、路灯等，进而改善道路状况，提高道路通行质量。

"一号路"上老饭店

赵 韵

对老底子的上海人来讲,时至今日仍然习惯性地将江川路街道及周边的区域称作"老闵行",而提到"老闵行",头一个想到的就是"一号路"。

20世纪60年代上海出产的笔记本里,有上海十大著名景观的插页,像外滩、南京路、国际饭店之类,其中一页就是当时刚刚建成的闵行一条

20世纪六七十年代,"一号路"商业、生活配套齐全,是老闵行最繁华的地方

街。许多家住市区的上海人就是通过这本笔记本和当时铺天盖地的新闻知道闵行"一号路"的。

说起"一号路"的由来，不得不提起那个年代的历史背景。新中国成立后，百废待兴，国家急需从一个农业大国跨入工业强国，因此，大力投入重工业建设。1958年，被称为共和国长子的"四大金刚"——上海电机厂、上海汽轮机厂、上海锅炉厂、上海重型机器厂落户闵行，而闵行，也因此成了新中国第一座卫星城。

78天建成一条街的壮举

随着"四大金刚"的陆续投产，十几万工人汇集到老闵行，而当时的老闵行只是个上海远郊的小镇，远远不能满足这些工人的生活需求。据时任上海电机厂运输科驾驶员的杨金清说，当时他负责接送厂里的工人往返市区与闵行。厂里用装货的卡车，顶上装一个简易的顶棚，工人们密密麻麻地挤在卡车上，一路颠簸着回到市区。"由于那时候的路都是石子路，卡车开过扬起灰尘，一路开到上海，车上的工人们都是满头的白灰，都变成了白毛男、白毛女。"杨金清回忆起那段时光依然记忆犹新。

为了解决在闵行工作的这十多万工人的居住和生活所需，闵行"一号路"的蓝图渐渐酝酿了起来。时至今日，提起当年78天建成"闵行一条街"的壮举，参与建设的设计人员之一朱菊生老人难掩激动之情。"当时接到这个任务，说要在闵行建设一条路，而且时间非常紧急。学校就立刻把我们建筑院的大学生们集合到一起，让我们回家收拾些衣物，当天下午就安排了卡车把我们送到了闵行。"朱菊生老人早已年过古稀，如今两

闵行饭店七楼,曾是放眼闵行卫星城的最好瞭望台

眼看不清东西,但回忆起那段光辉岁月,还是激情澎湃。"我们一群大学生集合在一所幼儿园里开会,当天晚上就各自画图纸,每人负责一部分建筑,大家都干劲十足地画了一个通宵,第二天一早再把设计稿连起来,整体看效果。大家都是年轻人,有很多创新的点子。比如阳台上用花式的栏杆,既通风又美观。"

在众多建设者夜以继日的合力建设下,闵行一条街建成了。作为上海为国庆十周年献上的一份大礼,这条街创下了许多个"第一",在全国都引起了轰动:城市建设速度为当时世界最快;是新中国首个"街中有坊,坊中有街"的卫星城;是当时最舒适漂亮的上海工人住宅新村;"一号路"是上海那时最宽阔平坦的林荫大道;拥有通向市区的第一条6车道以上的高等级公路;成为当时上海绿化率最高的地区,有一条中国唯一的以行道香樟树命名的"中华香樟街"。

王咏梅老人也是当年闵行一条街的设计者之一，在他眼里，当时建设闵行一条街的宗旨相当明确，那就是经济、实用，兼具美观。在建设闵行一条街之前，上海已经建成了曹杨新村等工人新村，但那时并没有考虑到居民的生活需求，以致居民刚搬到那里时，买菜、购物都成了难题。而闵行一条街建设之初，就将配套设施的建设考虑了进来。"饭店、百货公司是和这条街一起建成的，之后又根据需要逐步扩充。在'一号路'的路口，有百货商店、妇女用品商店、老正兴饭店和闵行饭店。"王咏梅回忆说。

王咏梅所说的闵行饭店，在当时的闵行甚至上海，都称得上声名显赫。本文开头提到的"上海牌"笔记本上的闵行一条街的照片，就是以闵行饭店作为背景拍摄的。

凭介绍信才能入住的饭店

作为新中国的第一座花园饭店，闵行饭店1959年7月3日破土动工，并于国庆十周年当天正式对外营业。饭店的七楼，是放眼闵行卫星城的最好瞭望台。当年，要看闵行全景，这里是最佳位置，不仅可以俯瞰闵行一条街，把这座工业新城尽收眼底，甚至还可以远眺吴泾化工区。

闵行饭店开业后接待的第一批客人，就是各国驻上海领事馆人员及家属，政府请他们来见证只用了78天就建成的闵行一条街。他们参观了这条长街后，无不竖起大拇指，深感赞佩。刘少奇、朱德、宋庆龄等国家领导人，都曾下榻光临过闵行饭店。

闵行饭店原来矗有刻着郭沫若诗作《游闵行》的石碑

闵行饭店建成之初是不对外开放的，主要接待首长和外宾。来闵行一条街参观者，人山人海。"四大金刚"如果有外来联系工作的人员想住宿，必须凭工厂介绍信，饭店才予以接待。

闵行饭店的第一任经理胡铨原先是在上海市区里搞公安工作的，1958年，他被组织派来负责闵行饭店的筹建。在当时，上海为了加强涉外饭店的保卫工作，涉外饭店的经理几乎都有从事公安工作的经历。

1961年10月的一天，胡铨突然接到通知说全国人大常委会副委员长郭沫若第二天要来闵行，他迅速派人买来文房四宝，做好准备。第二天，郭老偕夫人登上饭店屋顶平台鸟瞰一号路全景，放眼望去，高耸入云的烟囱和鳞次栉比的厂房饶有气势地屹立在黄浦江边。郭老诗兴勃发，赋诗一首："不到闵行廿四年，重来开辟出新天。万家居舍联霄汉，四野工厂冒远烟。蟹饱鱼肥红米熟，日高风定白云绵。谁能不信工程速，跃进红旗在眼前。"郭老告诉胡铨，他1937年到过闵行，是从日本潜回上海，在闵行

经过重新整修的闵行饭店全景（摄于2015年）

摆渡到沪杭公路，尔后辗转内地参加抗日战争，所以对闵行印象很深。当时的闵行还只是一片农村，看到如今的成就，郭老非常感慨。正好这天饭店招待郭老一行的午餐，菜肴有大闸蟹、青鱼划水等，郭老边吃边打趣地对胡铨说："哎，我刚作了'蟹饱鱼肥红米熟'，你倒真的给我吃蟹和鱼了！"引得全桌人哄堂大笑。

接待的领导和外宾多了，也发生过不少"意外"事件，闵行饭店的老员工至今回忆起来，还觉得津津有味。1963年，时任最高人民检察院检察长的张鼎丞到上海视察工作，顺便到闵行卫星城参观，无意中发现分别多年的战友张振华是当时的闵行区委书记。他俩抗战时一起在东北战场，张鼎丞是司令员，张振华是团长。虽然是上下级关系，但两人亲如兄弟，由于戎马倥偬，天各一方，离别多年。事隔经年，二人相见，热烈拥抱，喜极而泣。

老饭店的美食还没有变

五十多年了，闵行饭店在特定的历史环境中诞生，自然蕴聚了自己特有的内涵，在"1949年—1989年上海十佳建筑"评选活动中，闵行饭店与沿街的其他十幢大楼一同被推选为全市三十项精品建筑之一。

斗转星移，今天的年轻人已不知道当年的故事，在他们看来，此时的闵行饭店似乎有点老了，有点俗了，也有点旧了。2013年，闵行饭店内部进行了重新装修，并正式更名为锦江都城闵行饭店，由上海锦江都城酒店管理有限公司管理运营。

走进现在的闵行饭店，酒店内部与印象里中规中矩的老式建筑已迥然不同。大堂挑空的设计，彰显出现代酒店的气派和稳重，加上大理石铺就的地砖，散发古典优雅的气息。大堂与花园透过水景将内外景全方位地融为一体，让身处其中的旅客，犹如置身于大自然中。登上饭店的顶楼平台，五十多年前闵行一条街的盛况早已被茂盛的参天香樟遮住了视线，取而代之的，是越盖越高、鳞次栉比的楼房。当年全上海最宽阔平坦的林荫大道，现在看来也快不能承受繁忙拥堵的交通，需要等待再次的拓宽了。2017年9月上海旅游节的花车巡游，也正是来到了这条曾经声名显赫的"一号路"上，不知聚集在道路两旁兴高采烈观赏花车的孩子们和他们的年轻父母们是否知道，五十多年前，或许他们的上一代也曾兴致勃勃骑着自行车来到这条街上，观赏这条在新中国首屈一指的大街，并以身为上海人、闵行人而无比骄傲。

时光荏苒，不同的时代自然会有不同的人，不同的故事，不同的回忆。幸好闵行饭店的青鱼划水还是有着原来的味道，还有草头圈子、八宝辣酱、响油鳝糊、香酥鸭，这些浓油赤酱的本帮菜美味，在几代厨师的传承中，更加炉火纯青了。看来，不管在哪个时代，不管是文坛巨匠还是平民草根，对美食的追求都是一样的。

神秘的红房子

李超伦

我是打车去采访的。

"师傅,我去沪闵路3210号,精神卫生中心。"

司机师傅回头看了我一眼。

"我去采访!"赶紧指了指手边的相机,也不知道为什么要作这样的解释。

司机师傅似乎松了口气,笑着对我说,"每次开车经过沪闵路都能看到这块精神卫生中心的牌子,还真从来没进去过。今天我也算跟你去见见

对闵行人来说,这处建筑既是历史发展的见证,也透着神秘

世面了。"

今天的沪闵路不堵，一会儿就开到了目的地。走进大门，9幢西式风格的二层旧建筑出现在了我的眼前。清水红砖的外墙夹饰着水泥拉毛条块，墙垛之间是数面铁窗，还有一扇不到下午四点绝不会打开的黑色铁门。

在这工作了近三十年的门卫章师傅告诉我，"这儿就是附近人所说的，没事不敢进去，有事不想进去的红房子医院——上海市精神卫生中心（闵行院区）"。

与历史零距离

隔着沪闵路向医院望去，依旧能深刻感受到，在经历岁月洗礼后的今天，这片民国风建筑彰显着自己的大气与端庄。

带着我参观的是医院党办副主任周伟和宣传科的睦金仲医生。睦金仲的父亲也曾是这里的员工，所以他小时候就经常到这玩耍，一草一木都有着他儿时的记忆。

医院大门后的一座环岛花园里有一个喷水池，可惜我去的时候没有喷水。睦金仲告诉我："这个喷泉应该是后来造的，但具体什么时候我也不清楚，反正过来工作的时候就已经有了。"

这么一说我才明白，现在许多景观设施虽然都是后来新添的，但依然有着近半个世纪的历史，如今整座医院都是在修旧如旧基础上改建的。睦金仲还回忆说，在他小时候，这里算是附近最高的楼了。但几十年过去了，周围一切都在变化，就连门口的沪闵路都翻修加高了好几次，甚至比医院的路面还要高出几十厘米,这座医院却依旧如故。

周主任也补充道,从1935年创院至今,那9幢二层楼病房以及1幢现作为康复中心使用的教堂建筑是现存最完好的。我走近仔细看,这几幢房子的门牌上都有着大写英文单词,依稀可以看见当年教会医院的影子。

周主任还拿出一叠黑白老照片,与我对比起面前的老房子,果然相差无几,只是现在四周的绿化更加郁郁葱葱。我忍不住伸手摸了摸略显斑驳的红色墙体,仿佛历史与我正零距离接触。周主任说:"刚来工作的时候,我就觉得这些老建筑非常漂亮,却不曾想其实这座医院的过去还有着许多故事。"

普慈疗养院

要讲故事,当然还是要追溯到1934年,当时上海著名的慈善家陆伯鸿先生通过集资,创建了这座由教会管理的精神科专科医院。

直到1935年6月29日,普慈疗养院正式开幕,陆伯鸿先生担任首任院长。现在我们仍可以查阅到1935年出版的《圣教杂志》(第24卷第8期)中有关疗养院开幕时的详细报道:

上海普慈疗养院,系由天主教慈善家陆伯鸿所发起。得公教进行会之筹办及上海市政府公共租界工部局及法租界工董局之赞助。经二年之经营,始于上月二十九日下午三时举行开幕礼。中央社记者特志内部各情如下。

该院处地幽静,空气新鲜,实为精神病疗养最适宜所在。全院占地一百五十亩。该院房屋共四十座,其中病院部分计八座。病房一切设备,均为大中华钢铁厂特制之铜戴克多米者。即墙壁及用具色泽,亦分如黄蓝黑等各种不同颜色,以便病人随意选择。每座屋前均有大块草地,周植花木,以备病人游息。据称该院平时可容病人等百人。必要时可扩充至六百人。

在创立之初,虽仅有医师二名,护士二名,药师和兼职检验师各一名,但下设医务部、社会服务部及医药服务部,设病床三百张。院内病房分为四等,以住院对象的社会地位、经济条件分不同等级收治。

这些病人大多来源于开设在广慈医院的精神科门诊以及当时卫生局的收容机构。医院病房由圣玛利诸公会圣母会修士修女管理。对精神病人

1935年,普慈疗养院正式开幕,陆伯鸿(前排右三)担任首任院长

的治疗仅有电休克和胰岛素休克两种，且收费昂贵，生活在社会底层的病人无法承担。

由于当时精神科尚无有效治疗手段，所以多数病人属收容性质，仅头等病房的病人能享受一些医疗措施，无法承担医疗费用的病人则常被"关、押、捆、绑"。不过即使如此，也总比让这些病人在外流浪，饿死街头来得强。

陆伯鸿其人

不可否认的是，普慈疗养院仍是当时远东最大、设备最完善的精神科专科医院之一，而其创始人陆伯鸿，更是近代著名的天主教徒、实业家，同时也是上海远近闻名的大慈善家。

在从事宗教活动之余，陆伯鸿非常关心社会慈善事业。他四处募捐，并将自己企业的收益投入到慈善事业中去。其慈善事业涉及医疗救助、学校教育、赈济灾荒等，先后创办了新普育堂，普慈疗养院，圣心医院，中国公立医院，南市时疫医院，杨树浦诊疗所，合办北京中央医院等七所慈善机构。其中有几处规模很大，这些机构救护病人，收养穷苦老人，领养孤儿，护理残疾人或绝症患者，也救助社会上那些无助的穷人，可以说对上海及近代中国慈善事业的发展作出了很大贡献。

然而，就是这样一位大慈善家，却在1937年12月30日不幸遇刺身亡，原因至今众说纷纭，成为一个大谜团。

这天午饭后，陆伯鸿同往常一样带着他的五子陆薇读走出位于复兴公园对面的家门口准备上车。弄堂是一条很短的死胡同。弄堂中段有一片半圆的平地，为汽车调头之用，而一般来访的车辆也都泊在那块地方。司机见他们出来就发车并调头，停下时车头正对弄堂口。儿子陆薇读从左门上车，而陆伯鸿则在右边开门。刚进车坐下还未及关门，一个枪手叫了一声"陆伯鸿"，随即对着他的头部开了一枪。

那两名枪手是化妆成卖桔子的小贩，把枪藏在装桔子的箩筐里，一直等在泊车的那块地对面住家前的花园门口。他们应该已经摸熟了规律，知道每天午饭后陆伯鸿必定在此上车，故刺杀很顺利，开枪后枪手逃逸无踪。陆伯鸿马上被送到附近的广慈医院，但仍不治身亡。

陆伯鸿遇刺事件震惊了整个上海，但好在其名下的各家医院工厂早已步入稳定的运营模式，并未因此受到太大影响。

经过岁月洗礼，民国风的建筑依然十分大气

抗战女英雄

1937年11月4日,淞沪会战正进行到最关键时期,侵华日军第10军团在司令长官柳川平助的指挥下,以三个半师团的兵力靠舰炮的掩护,在金山卫一带登陆。中国军队因兵力悬殊,无法抵挡。日军烧杀了三天之后,在得胜港、米市渡一带开始渡过黄浦江,长驱直入松江城。

这段日子里,普慈疗养院成了抗日战士最后的栖息地,院内曾附设伤兵医院与难民所。日军侵入北桥后,因有德籍修士与日方周旋,医院一切照常。

此时普慈疗养院内有一位叫凌其瑞的总务科科长,是上海天主教知名人士。原居住于上海南市芳嘉园斗姆宫附近。她身材高挑,穿着极为朴素,唯一头秀发梳理得考究,显得雍容端庄,为人厚道,本地人都叫她"凌先生"。

11月8日,国民政府下令国军全线撤退。11日,日军由松江方向沿上松路(今北松公路)烧杀而来。在这危难时刻,正在撤退的国军67军108师某旅某团奉命从泗泾赶来阻击日军。

这天夜里,细雨霏霏。国民革命军陆军108师八百多名官兵在普慈疗养院附近,与疯狂东进的日军短兵相接。天色昏暗,难辨敌我,顿时一场混战。

激战持续到次日上午9时才停下来。国军伤亡一百多人。据日军战地报道(《读卖新闻》11月15日刊登照片)称,被日军俘虏七百人。

国军勇士横尸遍野,有一位军官自尽在沙基(今马桥镇联盟村沙岗附近)。

国军团副许仲钧等五十七名伤病员逃入普慈疗养院。疗养院总务科长凌其瑞热情接受，躲过日军耳目，因疗养院系天主教会，日军未能闯入（1948年5月16日《明心报》采访凌其瑞报道：国军团副许仲钧率五十七人投普慈疗养院。凌其瑞毅然收容，衣之食之，并加以教化。出院后重上前线，再度挂彩，现在江西，境况仍窘。凌其瑞又分金济之）。

同时，日军大部沿沪闵路大肆东进，部分官兵占领上海县政府大楼后，在北桥地区烧杀抢掠。

凌其瑞看到附近战场上勇士们的壮烈惨状后，立即说动院长，紧急组织起战地后勤队。12日上午，她带领一支白衣人队伍，举着红十字的旗帜，穿过日军驻扎地，将国军勇士的遗体一具一具地搬到位于北桥的瓶山道院。她含悲饮泣，请人挖坑，决意要义葬这批无名勇士。

不过，驻扎日军并不答应。凌其瑞也不罢休，请普慈疗养院外籍传教士出面与日军交涉，终于获准在上松路南侧、俞塘北岸北庙泾的河边坟地上竖一块"支那勇士之墓"墓碑（位于今北松公路167号北侧）。这块碑实在太小了，而且只能称之"支那"。但是，却在如此天昏地暗的沦陷之地，闪耀着抗战勇士们不屈的精神。

风雨八十载

1952年，普慈疗养院被当时的上海市军管会接管，改名为上海市立精神病医院，由军代表领导，著名精神科专家粟宗华受聘负责医务工作，1956年改任院长。接管后取消了头等病房，降低了收费标准，增加了医务人员，1954—1956年间，上海市当时所有的私立精神病院（包括虹桥疗养院精神科、中国疯病院、上海精神病疗养院等）的人员均先后并入市立精神病医院。

20世纪50年代是我国各机构调整时期，在上海私立精神科机构归并完成以后，粟宗华专家考虑再筹建一所新的精神病院，希望把上海第一、第二医学院的精神科人员也联合在一个医院里工作。在有关领导的支持下，于1958年完成了这一联合，同时在市区也建立了一所新院，以新建医院作为上海市精神病防治院总院，以原上海市立精神病医院旧址为北桥分院，以原上海精神病疗养院旧址为虹桥分院。

普慈疗养院旧大门

联合后，院内具有了适合病人治疗、休养的现代化的精密仪器和设备，室内外的布置不仅做到美化而且家庭化，使能更好地治疗病人。

此时这座防治院不仅设备新颖，同时还集中了上海防治精神病方面的医务力量。除了用最新的方法进行治疗外，还大力开展全市的防治工作，组织全市范围的精神病防治网，逐步使全市的精神病人得到治疗和管理。

在经过八十年的风雨历程后，如今上海市精神卫生中心已经成为全国四个区域性精神卫生中心之一,承担着上海市精神卫生的医疗、教学、科研、预防、康复、心理咨询与治疗和对外学术交流,以及全国和区域性政策制定、科学研究、疑难病症诊治和专业人才培养等重大任务,是全国规模最大、业务种类最全、领衔学科最多的精神卫生机构。

一个下午的时间,在周伟与眭金仲的热情讲解与资料辅助下,不知不觉中我已在历史的长河中来回穿梭了好几次,更对脚下这块土地产生了无比的敬畏之心。毕竟这座医院是闵行历史进程和文明发展的重要标志,是闵行不同于其他城区的一个显著特点。

临走前,眭金仲还反复关照,要我一定要去拍拍医院的那扇黑色大铁门。还直说:"这些老建筑,现在看看真的很有味道。"

地铁莘庄站的"小红楼"

钟 合

2017年3月31日上午10点。

莘庄地铁站上的"莘庄站"三字正式拆除,这意味着这座矗立了近二十年的莘庄地标性建筑落下了历史帷幕。未来这里将是天荟商场,以及北广场出站口的集散广场,会跨过莘建东路延伸至沪闵路。

1996年的莘庄站

将"莘庄站"留在记忆里

轨道交通1号线是上海第一条开通的轨交线路,闵行就是最先享受到轨道交通便利的郊区。而这栋广为人知的"红楼"作为地铁莘庄站的标志,既是闵行的亮点,更是时代的见证……

作为莘庄地标性建筑之一,地铁站楼顶巨大的"莘庄站"三个字则成了许多闵行市民的美好回忆。莘庄站拆除当天,许多市民纷纷举起手中的相机、手机,将这重要的一刻留存在记忆里。

莘庄镇居民崔金凤说:"刚好过来办事,赶紧拍下来发个朋友圈,要让全世界一起见证,心里有些难过。"

1972年3月来莘庄工作的火自由是闵行摄影家协会会员,今年是他

一度作为莘庄地标性建筑的莘庄地铁站"小红楼",矗立了近二十年

生活在莘庄的第45个年头，所以一早就来见证这一历史性时刻。他说："二十年了，对莘庄站很有感情，这次拆除，很开放，方便每个莘庄人留下最后的记忆。相信莘庄明天更美好。"

据工作人员介绍，由于"莘庄站"三个字过于巨大，整体拆除有一定难度与危险。因此施工人员先把中间的"庄"字拆除，再将钢结构一分为二，向后拉倒。然后再将"莘"和"站"取下。而"莘庄站"这三个字也将永久保存在闵行博物馆中。

二十余年风雨将成追忆

早在1993年，原闵行区和上海县合并为新的闵行区时，在新闵行区一届人大一次会议上，"闵行必须要造一条连接市中心的轨道交通线"已经形成了共识。

当时的闵行，往返中心城区的主要公交只有一条徐闵线。二十多公里的距离说远不远，说近不近，伴随着闵行的开发，大量的人口导入，闵行开发区和交通大学闵行校区的相继诞生，徐闵线已经很难负荷这每天五六万的客流量。

无论是老百姓，还是闵行的当家人，大家都在想：地铁如果能通到闵行就好了。可是当时规划建设的1号线只到锦江乐园，仿佛一个骄傲的公主不肯再往前挪一小步。

1994年12月，闵行区政府和上海地铁公司签约，闵行区负责闵行延伸段4.65公里范围内的征地和莲花路、外环路和莘庄3个站点的基础建设，地铁公司则负责轨道建设和车辆设备。

楼顶巨大的"莘庄站"三个字成了许多闵行市民的美好回忆

自此，1号线轻挪莲步，终于走进了闵行。

20余年的时光证明了这种魄力的先见与远见，受惠于1号线的延伸建设，闵行人第一次明白：原来房价并不一定和地段成正比。在通了地铁的莘庄，外环外的公寓房一样可以卖出好价钱。当初闵行在1号线基础设施方面的1.8亿元投入，在日后的发展中，获得了难以估量的回报。

经过两年多的建设，1997年7月，1号线轨交列车正式驶入闵行。

不知不觉，地铁1号线对闵行来说已经默默运营了20年，和过去相比，其沿线路段越来越繁华，"主动脉"的特质不言而喻，"挤"已经成了常态。

作为1号线起点站，莘庄站的意义可谓重大，因为这是郊区族进城的主要方式之一。尤其自2003年轨道交通5号线开通后，作为5号线通往市区唯一的换乘站，莘庄站的换乘客流量一下子爆棚，"潮水般的人流"是每天都会上演的画面。据不完全统计，莘庄站目前日均客流23万人次，其中换乘客流达到10万人次。

所有闵行早上进入市区上班的人们，都会在7点半到9点这个高峰时间段去莘庄站由5号线换乘1号线，所以此时开出莘庄站的1号线永远都是满员状态。从上车开始，如同置身于一列春运高峰的硬座列车——如果窗户可以开启，估计会同样上演上半身在窗内使劲拽、下半身在窗外卖命扭的画面。"1号线让我每坐一次崩溃一次。"有这样"爱恨参半"感受的市民并不在少数。

一个站，影响一代人。一代人，改变一座城。莘庄站经历了二十年，与我们有过许多故事。现在我们长大了、成熟了，而莘庄站却陈旧了。

地道莘庄人褚半农：每一次大飞跃都和修路有关

褚半农，今年72岁，是位地地道道的莘庄人。幼时居住的褚家塘如今已不复存在，作为20世纪90年代初那片土地上的首批拆迁户，他早已搬进公寓楼多年。

"我们小时候的莘庄是嘀嘀呱呱的乡下头。"回忆起曾经的莘庄，褚半农一言以蔽之。

在很长一段时间内，莘庄的发展都显得缓慢而平静。褚半农告诉记者，在那个以农耕为主的时代，大家并没有什么出行不便的意识——因为活动范围就那么方圆几公里，守着生产队、守着责任田，大家都过着自给自足的生活。

"要致富、先修路"——曾经很长一段时间内，褚半农并不懂这句话的含义。直到很多年之后，他才真正对这句话有了切身的体验与理解。

20世纪50年代，七莘路开始了现代化的修筑之路。当时的七莘路是在原先"官路"基础上完工的，因此曲折、转弯很多。之所以称"官路"，因为旧时土地都是私有的，连田地之间的田埂路也是各家的，土地所有人可以不让旁人走。

七莘路修好没多久，沪闵路也延伸到了莘庄。但褚半农没想到的是，这条马路开启了莘庄作为交通枢纽的第一个篇章。如今的沪闵路，作为莘庄镇、颛桥镇、江川路街道等前往市区的主要通道，俨然成为闵行地区最繁忙的道路之一。

1995年地铁一号线延伸段动工

1997年7月，轨道交通1号线，也是闵行人最为熟悉的红色轨交线，正式开进了闵行。

褚半农的出行工具里，自此开始又多了一个新名称——地铁。"最开始，一个人'承包'一节车厢都没有问题，到现在莘庄地铁人满为患。说起来，这就是地铁带给莘庄最大的变化啊！"当然，作为莘庄本地人，褚半农和他的家人也受惠于这条地铁，他的一双儿女外出求学、办事，再也不用像父辈那样骑着一辆28英寸自行车，或者是在几辆公交车之间倒来倒去。

一条1号线，连通了中心城区和莘庄地区的交通，大大提升了当地居民的生活质量。

"闵行女婿"程斯卿：牵起了好姻缘甜蜜回忆几许

1979年出生的程斯卿刚刚度过自己的第三个本命年，对于他来说，1号线有着格外不同的意义。因为，他的妻子是闵行人，1号线莘庄地铁站是两人最多出没的地方：永和大王、麦当劳和华联吉买盛，都留下了两人的甜蜜回忆。

程斯卿和妻子是经人介绍认识的，妻子在闵行开发区上班，他在淮海路上班。"那个时候有情饮水饱，似乎也没觉得苦。每次下班，想到坐上地铁一会就能看见妻子，心里就很高兴。"

现在LED屏幕不新鲜了，但那时候北广场的LED屏幕还是很拉风的。

"如果说人民广场的大屏幕是市区网友见面首选地，那么莘庄地铁站的这块大屏幕应该是闵行区网友见面首选地。"程斯卿还偷偷地告诉记者，他曾经悄悄酝酿过通过大屏幕向妻子求婚，不过最后还是没好意思也没财力付诸实施。

2005年，在两家人的支持下，程斯卿和妻子将家落户在莘庄北广场。

说起来，当时的这个决定还一波三折。因为在老观念里面，买房首先要讲地段。在不少上海人眼中，当时莘庄虽然通了地铁，但怎么也是外环外的区域，如果不是工作在附近，很少人会选择置业于此。不过一方面因为妻子是闵行人，另一方面考虑到1号线可以直达单位非常便捷，程斯卿最后还是将新家落户在了莘庄。

北广场的文化广场曾经是程斯卿的丈母娘最喜欢去的一个地方，推着童车、带着小外孙，和那里的阿姨奶奶们聊天。后来，广场舞开始大行其道，傍晚时分的文化广场变成了广场舞的天下。后来，在得知文化广场关闭施工后，已不和他们共同居住的丈母娘还甚感可惜。

如今，两人的孩子已经念小学了。妻子也从当时的骑助动车上下班，鸟枪换炮到开车上下班。而依然在市中心上班的程斯卿曾经有过一段时间，也选择开车上下班。不过随着莘庄导入人口越来越多，原本15分钟就可以从莘庄抵达徐家汇的沪闵路高架越来越堵，最后他还是坐回了1号线。虽然比起最初的1号线，挤了不知道多少倍，但对一个上班族没什么比准时准点更重要的了。

对于正在兴建中的地铁上盖工程，程斯卿充满期待——说不定房价又会涨一涨，虽然自住房不会卖，但房价涨说明周边发展好，发展好生活总是会越来越便捷，没有理由不高兴。

新建成的莘庄上盖项目TODTOWN天荟将会与仲盛、南方商城和莘庄龙之梦交相辉映

闵行博物馆馆员梅国强：文化的守望者期望未来更美

2012年，为了给地铁上盖工程让路，梅国强工作的闵行区博物馆正式关闭，他也离开了自己从2002年就开始朝夕相处的地铁莘庄站。

作为博物馆筹建小组的成员之一，醉心于文博事业的梅国强还记得他接到筹建任务后的兴奋。

"当时的闵行经济发展迅猛，但文化方面的发展相对滞后，套用现在一句时髦话——也算是补短板。"于是，梅国强和同事们经过了大半年的筹备，闵行区博物馆于2003年3月与市民见面了。展馆内设两个基本陈列：马桥文化展和中国民族乐器展，也是沪上较早的免费开放场馆之一。

4200平方米的面积，公益化的运作，365天全年无休的开放……时光倒推到13年前，这些都算是大胆创新。一时间，外区、外地的取经团络绎不绝。作为地方历史的博物馆，闵行区博物馆当时风头很劲。

"博物馆地理位置好，又以闵行地域文化的展示为主，无论是本地人来寻根，还是外区人来了解，都是很好的选择。"梅国强告诉记者，眼见着地铁站内人流越来越多，莘庄的发展越来越好。其他不说，单说吃饭。一开始，站内有些零散的快餐。后来，永和大王、麦当劳进驻。再后来，仲盛也来了。如果想外出觅个食，大家的选择越来越多。

得知副楼要拆，梅国强心中也甚为不舍，毕竟这里有他曾经工作过很长一段时间的回忆。老同事们碰头时也常常会聊起，有人还说起要一起过去拍个集体照，可惜人始终没凑整齐。

"不过城市在更新，回忆留在心中，以后的莘庄地铁站肯定会更美。"梅国强告诉记者，闵行区博物馆新址选定在七宝，以后将和海派艺术馆毗邻，相信也会比曾经的博物馆更好。

（本文部分资料来源于《闵行报》）

渐行渐远的朱行老街

陈美玲

朱行老街,曾经远近闻名,如今低调到以虹梅南路命名;曾经客商云集,如今精简到无人问津;曾经繁华一片,如今冷清到只剩回音。

走过高峰,越过低谷,老街铅华洗尽,风韵犹存。只是,与现代生活相融相交之际,老街已开始了新的征程——"城中村"改造。若干年后,这里或许是高楼大厦,又或是公共绿地,无论是什么建筑,老街正在一步步远去,我们能追的也只是它的背影,以及那些大家还能记得的有关

曾经繁华一片,如今冷清只剩回音

老街的故事。

"以前，我们很开心、很开心的！"戴永琴是老朱行人，到她已是第三代在此定居。回想起老街的过去，"开心"二字就像她的口头禅，反反复复，不厌其烦。看着垂垂老矣的老街，旁人很难想象以前这里的热闹与欢乐，但是她脸上的笑容和自信已诠释了一切。

是的，朱行老街，它行将消逝，但消逝的只是它的身躯，留存的将是永久的回忆。

赶庙会，常常流连忘返

一条比较典型的老街通常由街、河、桥、寺、店五要素组成。现在的朱行老街，已不见寺庙的影子，但这并不代表以前没有。施相公庙就是其中一个。据记载，该庙位于朱行西的里行，原住持人为妙慧法师。只可惜，这座庙解放战争期间被烧毁了。

对大多数朱行人来说，更为熟悉的是位于东街的泰山堂以及每年都会在这举办的庙会。在戴永琴的记忆中，老街的庙会就是一次赶集的盛会，一年两次，分别在三月半和七月七。庙会上，除了小商小贩，还有本地和外地的小手工业者带来自制的竹木铁器和手工业品，本地的农民也将土特产带到庙会上交易。

庙会开始的前一周，就有很多商贩涌到朱行租借房子，为赶庙会做准备。自住有余的人家，就借此机会将多余的房间出租出去，赚取少许收入。而庙会上的货品，大多通过老春申塘港运往朱行。临近庙会的前几天，码头上人流如织，挤得水泄不通，小孩子一看便知，庙会就要开始了。

小小门牌，记录的是过去的时光

到了庙会那天，整个朱行都沸腾了。琳琅满目的商品摆满了货架，摊位绵延几百米，环绕起来有一个学校操场那么大。清晨5时，天刚蒙蒙亮，庙会的广播就开始放音乐，提示大家：庙会开会了！庙会上，除了各种商品买卖，还有各种余兴杂耍，如皮影戏、滑稽戏、杂技、苏州评弹，常常使得人们流连忘返。不过，赶庙会之前，大家总不忘先到庙里烧个香，求个平安，再融入人山人海之中。

庙会期间，大人们忙忙碌碌，小孩子就像出笼的鸟，玩得不亦乐乎。戴永琴的父母和外公在朱行镇85号开了家杂货店。那时，朱行与虹梅南路还未有什么交集，小镇连接梅陇的马路叫朱梅路，将东西街分隔开的小路叫王家弄堂。戴永琴父母的店铺就在这条弄堂的西北角，是人流非常集中的黄金宝地。

每到庙会，店里忙得团团转，大人根本无暇顾及他们兄妹几个。为了将孩子打发走，外公专门拿旧钱换新钱，给每个小孩五毛零花钱，让他们自个儿到庙会上玩。溜出去之前，孩子们趁着人多的空隙，随手抓上一些糖果或饼干就不见影了。

到了庙会上，他们就四处溜达，玩套套子呀，吃凉粉呀，一点都不怕在庙会中迷失。整个庙会下来，手上的五毛钱还没花光，人早就吃饱喝足玩开心了。"那个时候钱很经花，大饼油条才三四分钱，五毛钱根本花不光的。"

泡茶馆，多少也是个小灵通

在朱行生活过的人，大多对紫藤树有很深的印象，而紫藤树就在戴永琴家的西面，也就是西街。她说，花开的时候，花廊有十几米长，整条西街近一半地方都挂着紫藤花，一些房子直接淹没在紫色的花海之中。老人、小孩经常围坐在紫藤架下，调皮的孩子有时会拿着竹竿子敲打紫藤花，看到灰黑的地面铺上紫色的花毯，才满心欢喜地放下竿子。尽管如此，孩子们从不爬树，因为从大人的口中，大家都知道这是棵古树，是祖先留下来的，要珍惜和爱护它。

除了在紫藤棚下"嘎三胡"，大家最常去的还有茶馆，那时的茶馆大多兼作书场，演唱评弹（俗称大书）、钹子书（俗称小书）和申曲（沪剧前身）。茶馆紧挨着紫藤树，人流比较集中，来这"白相"的人都会带来各自的小道消息，边喝茶边交流。所以，谁想知道某件事情的来龙去脉，到茶馆一问便知。

彼时，晚上的娱乐项目少，大家忙完了就各自睡觉，基本上都是"日出而作，日落而息"的生活方式。睡得早，人们也就起得早。凌晨二三点，曹行、行南的老人就已起床，然后走上半个多小时或一个小时，赶到茶馆，在门口候着。而茶馆里的小二两三点的时候也已经起床，将茶杯、茶壶洗干净，往每个茶壶里倒上些许茶叶，同时还要生火烧开水，为开门接客做准备。

对于好动的小孩，与其坐在那喝茶聊天，不如到书场里听听故事。戴永琴就经常和哥哥姐姐还有其他小朋友在书场里游串，时而站在台前，仔细聆听故事的精彩片段，时而跑到台后，看看那些不太熟悉的表演道具。茶馆对这些神出鬼没的小孩，多半一笑置之，有时也叮嘱两句。

喝茶一般分早茶和下午茶两场，茶馆提供的茶叶有菊花茶、绿茶、红茶，但都是一般性的茶叶。如果觉得不够好，茶客们也可以自带茶叶。到了下午4点半，日头逐渐西斜，茶馆也就此打烊。小二们赶紧收拾茶具，该洗的洗，该冲的冲，拾掇完毕，已是晚饭时间。几个

老街正在一步步远去，我们能追寻的也只是它的背影

小时后，又得准备开始新的一天。

逛老街，怎可错过菜汤面

与茶馆人流不相上下的还有朱行饭店，饭店就在茶馆的边上，大约一百平方米，也是老街上比较有模有样的饭馆。和现在大饭店的不同之处在于它更加接地气，主要服务于赶集或者从乡下来镇上买东西的人们。

戴永琴的爱人以前是朱行饭店的员工。他告诉记者，当时，饭店里最好的荤菜也就三毛五，一般的如三鲜汤、猪脚、带鱼、肉圆之类的菜，饭店里都有。而饭店最有名的是菜汤面，一碗一毛五。附近的人到老街上，经过之时，总免不了到饭店里吃上一碗；而老街上的人，有时也放下家中的碗筷，走进饭店，满足一下自己的味蕾。

菜汤面那么受欢迎，与它的独家调制秘方不无关系。据介绍，菜汤面的汤是猪头高汤。一大早，饭店刚开门的时候，新鲜的猪头就放入大锅中慢慢熬制，熬到差不多的时候，猪头肉切出来当熟食卖，而猪骨头继续熬，边熬边卖。谁点菜汤面了，现场下些面，放上些菠菜和肉丝，最后浇上奶白色的猪头高汤，一碗诱人的菜汤面就上桌了。

"我们那个时候很开心，走街串巷，吃吃喝喝玩玩，现在真怀念！"在戴永琴的记忆里，朱行老街就像一个开心乐园，玩具不多，乐子很多。位于老街南面的老春申塘港也是孩子们的天堂。特别是夏天的时候，一个个挽起袖子和裤管子，到河里捞鱼、摸虾、捞贝壳，完了在天井里生个炉子，架上个小锅，就烧来吃了。那个时候，一般人家平常难得吃上一次肉，但如果想吃鱼，只要下河去捞就是了。

不过，令大家最为期待的还是一年一次的"蟹潮王"。每年夏天，四面八方的螃蟹都会涌到这里来，就像赶集一样。那时候，河水很清，站在岸边就可以看见螃蟹挤满了河浜，一个个你挤我挤你，好不忙碌。人们拿着桶，闭着眼都能抓到，而且一抓就是一桶。男孩们因为会游泳又会抓螃蟹，一个个光着膀子，就直接下水去捞了；女孩们胆子比较小，穿上高筒靴，也和大家一起凑热闹。

捞起来的螃蟹又鲜又大，吃都吃不完，孩子们甚至吃到舌头流血，戴永琴至今都还记得螃蟹刚出锅的鲜味。

最难忘，老街上的夏夜通铺

现在的朱行老街，看起来又小又窄，行人大多也是匆匆而过。但在以前，老街可是最为热闹的地方，也是让人留恋的场所。

夏天的时候，因为天气热，家家户户都把门窗敞开，即便晚上，也是如此，从未有过被偷盗的烦恼。

夜幕降临，大家吃好晚饭，便搬着小板凳坐在弄堂里乘凉，大人们一边摇着扇子一边唠唠家常，孩子们就在一旁嬉闹，玩各种游戏。谁家有什么好吃的，就拿出来大家一起吃；谁家有什么矛盾了，大家帮忙调解。到了睡觉时间，又各自从家里拿出席子，铺在老街的石板路上，一家挨着一家，就像一串长长的珍珠，撒落在地上。

至纯至简，大概就是那个年代人们生活的状态。因为家里开杂货店，戴永琴也常在店里帮忙，看到人家拿着个瓶子，她就知道买油或酱油来了。小小个头的她，拿起舀酱油用的竹筒，就可以帮忙打酱油了。如果顾

老街的故事还有很多，讲上三天三夜也讲不完

客购买豆子、冰糖等其他东西，她还会帮忙包三角包。这个三角包就是现在的袋子，一张牛皮纸，先对角折，再对角折，几下就包严实了。如果要走亲戚，四瓶老酒用麻绳绑起来，再捎点点心，就已经很体面了。

　　不过，这里的人也不是不食人间烟火。住在老街就像住在大城市里一样，姑娘们选夫婿，都优选老街上的小伙子。嫁到乡下的姑娘，容易被认为是相貌不好或者家里条件差。所以，当时还流传着一句话：煤气煤气，越看越气，弄得姑娘不愿嫁出去。因为老街比较早就通煤气了，新妇们不用像农村里那样蹲在灶头烧柴火，一不小心还弄得一身灰。农村的小伙子若是娶了老街上的姑娘，就很风光，成为村里的佳话。

关于朱行老街的故事还很多，戴永琴说，事情都很零碎，讲上三天三夜也讲不完，但就是这样的小事，总是让人回味良久。即便有一天，老街换了新貌，那些不值一提的过去，早已变成永恒的印记，留在他们的心窝里，留在老街的背影里，留在岁月的褶皱里。

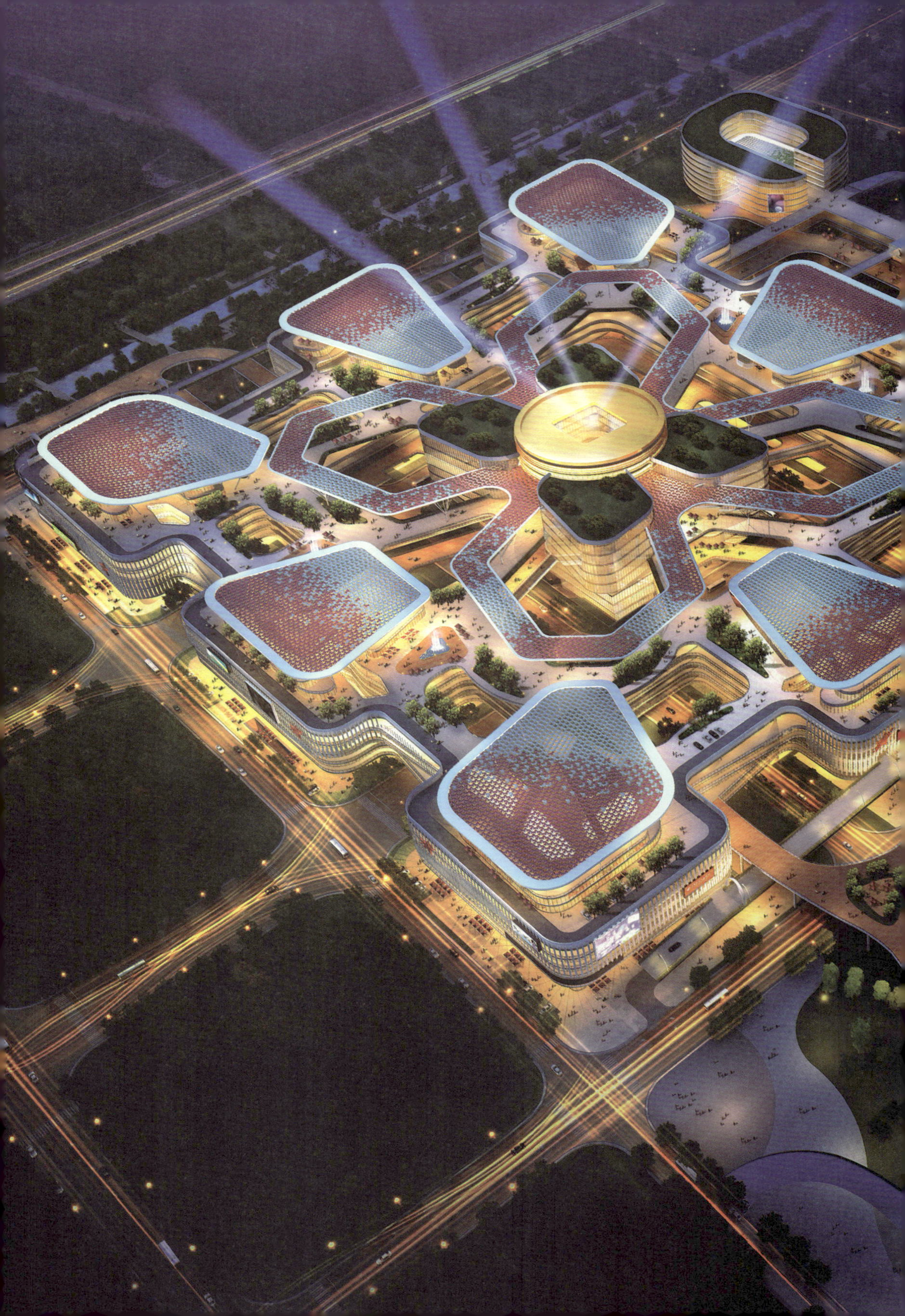

再见，九星

林 言

吴小金是我认识的第一个在九星市场经营的商户。她来自江西赣州，那个地方我去过，是一个山区。十多年前，她和她男友到上海来打工，而后经老乡介绍，在九星开了一家经营文化办公用品的门店。两个人成了家，有了孩子，还在七宝买了房。生意日渐红火，由一个门面发展到三个门面，并雇了几个伙计，负责接单、送货。

我第一次见到吴小金时是在6年前，因为新单位装修，需要采购一大批文具用品，于是跑了一次九星。九星不愧为"中国市场第一村"，入驻

未来的九星将被打造成亚太地区建材家居贸易的重要基地

了一万多家商户,铺天盖地门面房,有街无处不经商,偌大的市场让我头晕目眩。

我就这样闯进了吴小金的店铺。那时她正大着肚子忙碌着,虽然6月的上海不算热,但她的额头上已布满密匝匝的汗水。店里的一个小姑娘帮着我们挑完了货,结账时,自然要讨价还价的。小姑娘便指着吴小金说,问我们老板娘吧。吴小金看了看清单,一脸灿烂,说:"哦,买这么多,当然可以打折了。"

付完了钱,吴小金递上一张名片道:"以后常来啊!"就这样,这层业务关系保持了六年多。最后一单是去年12月份,我们帮客户在吴小金那

九星的暂别是为了更好的开始

里定制了一批笔记本。吴小金让送货的伙计捎来话，1月份他们就要关门了，因为九星要拆了。

作为闵行人，关于九星转型改造早有所闻，殊不知来得会这么快。近二十年来，"九星"无疑成了一块响当当的市场品牌，在这块占地面积106万平方米的土地上，汇聚了28大类专业商品区，经商务工人员2.5万多人，年交易额300多亿。据说在这里诞生了一千个千万富翁，无数的百万富翁。商户富了，村民们也富了。的确，九星既是一个村，又是一个市场。正如《九星之歌》里所唱的那样"这里曾是寂静的水乡，今天崛起繁美的市场，这里曾是冷僻的村庄，今天洒满温暖的阳光……"

九星闻名遐迩，不要说附近的七宝人，还是闵行人，乃至周边城区的人，就算没去过，但一定听说过的，很多人习惯了在那里采购灯饰家具、卫浴用品、建筑材料，还有文化用品等。据说其综合性、规模性是同类市场无法比肩的。筚路蓝缕，风雨兼程二十载，这也是让九星村老书记、九星市场创始人吴恩福感到颇为自豪的。前些年，我和朋友还一起为九星村编辑出版过两本书，一本叫《阳光下的七月》，一本叫《和谐的旋律》。这两本书记录了九星艰辛的发展历程。

我和朋友曾相约去过九星村，拜访受村民尊敬的老支书，言谈中也谈到了如何利用互联网+来拓展九星市场的销售平台。而让吴恩福没有想到的是，九星如今将会面临一次重大选择，一次彻底的脱胎换骨。

曾经辉煌的九星市场于2月17日正式关闭。这是在"提升环境质量、推动连片治理、促进整体转型"的发展形势下，闵行区作出的一项重大决

九星市场正在迎来一场脱胎换骨的蝶变

策。在这块土地上,将通过数年时间,凤凰涅槃、浴火重生,诞生一座新的九星国际建材家居城,并将之打造成中国乃至亚太地区国际建材家居贸易的重要基地。

看着九星从无到有,又看着九星推倒重来,吴恩福对新九星的憧憬比谁都迫切:"九星的昨天已经完成,九星的今天已经到来,九星的明天会更美好!以后这里将成为闵行现代化主城区建设的新地标,九星的新希望。"

成千上万的吴小金们暂别了九星,若干年后他们还会怀揣着希望,怀揣着梦想再来。

暂别是为了更好的开始。

再见,九星!

链 接

上海九星市场简介

上海九星市场曾是上海市规模最大的综合市场，被人们美誉为一站式购物的市场航母，投资者的黄金宝地，创业者的成功乐园。

1998年，九星市场由闵行区七宝镇九星村创办和管理，经过16年的发展，实现了从无到有，从小到大，从弱到强的华丽转身，被上海市商务委和上海市国土规划局规划为地区级商业中心，成为上海市西南地区一颗璀璨的明珠。

九星市场紧贴外环线西一大道，南、北有顾戴路、漕宝路两个匝道出入口，交通十分便捷。市场东临漕河泾开发区（国家级），西临上海著名旅游景点七宝老街，南面是闵行区委、区政府所在地莘庄，北面靠着虹桥综合交通枢纽和大虹桥商务区，有效形成了功能联动和区域辐射。

市场原占地面积123万平方米，建筑面积80多万平方米，入驻有各地商户9000余家，开设有五金、灯饰、家具、电器等26大类专业商品分市场区。蓬勃发展的市场集群，集聚了大量的人流、车流、物流、资金流和信息流，营造出繁华的商业集聚度，成为远近闻名的大众商品集散地。

随着城市的快速发展，九星市场开始面临各种发展矛盾。土地的粗放使用、单位土地产出效益较低，对于粗放型、低业态的九星市场而言，向高层次、集约化经营模式转变已迫在眉睫。而九星从自身产业调整的角度出发，转型发展的意愿也越来越强烈。

2017年，九星市场进入关闭倒计时，于2月17日正式谢幕，在6月全部拆除。未来，这里将打造成国际家居建材贸易中心，成为闵行新地标，并通过强化居住功能，建设"产城融合，居职平衡"的高档商务区和住宅区。

怀念，不必留恋

徐静苒

在不久的将来，老吴泾人眼中的大烟囱将真正成为记忆中的时代符号。

车子行驶在龙吴路上，路况不太好，有些颠簸，每隔一段便能看到正在作业的施工队伍。

"看到前面冒着烟的烟囱了吗？应该就是吴泾了。"司机师傅说。

吴泾化工区的大烟囱或许是人们对这里最直观的印象

在他的印象里，吴泾还是那个位置相对偏僻的化工区，高耸的烟囱、滚滚的烟雾和众多化工厂。不熟悉的人偶尔过来一次，根本分不清哪个门对应哪家企业。

龙吴路4221号——原上海碳素厂门前的道路还算是干净，但一进入厂区里，水泥路变成了土路，又是刚刚下过雨，就变得有些泥泞难走了。许是因为天气的缘故，几栋厂房显得愈加破旧，乍一看还有点"失落遗迹"的味道。很少有人知道，这样一个看似"糟糕"的地方实则内有乾坤——这里集聚了数家影视摄影基地、广告公司、艺术馆等颇具时尚气息的企业，在某个曲径通幽之处还有一家名为"茶可凡"的茶会馆坐落于此，面对金刚铁骨般的厂房，竹篱、水榭、茶香看似格格不入，却又别具风情。

在以"科技、时尚"为核心目标的全国特色小镇的"吴泾"，化工厂的历史痕迹一点点减淡，一些新生的、蓬勃的力量正在萌生。

在"废墟"中开花

上海触觉艺术馆馆长张卫华是江西人，多多少少受到了瓷都景德镇的影响，对与艺术相关的事物有着天生的热爱。

2016年5月，上海触觉艺术馆从原来的莲花路旧址搬到了上海碳素厂厂区内。对于其他人来讲，这里可能存在交通不便、厂房破旧的困扰，甚至有人觉得这和被遗弃的"废墟"没什么两样，重新装修、改造都太费时间，但是对于学工业设计的张卫华来讲却处处蕴藏着工业美学的元素。触觉艺术馆在碳素厂厂区内一共租赁下四栋楼，占地面积约6000多平方米，

化工重镇的历史在吴泾正逐渐淡去，已有企业通过改造成为文创园区

基本能满足艺术馆从工艺品制作到收藏、展览的要求，这也是当初张卫华看中这里的原因之一。

馆内大体上保存了原厂房的框架，一楼原来是生产车间，现被改造成了展厅。张卫华介绍说："厂区正在进行消防管道的铺建，所以原本在展厅内摆放的画都被撤下了，等过几天消防管道铺建好，这里要举办一场画展。"除此之外，每一楼层的房间都像是一个巨大的百宝箱，小到玻璃摆件大到五星级酒店装饰壁画、名家书画应有尽有，超现代感的时尚氛围十分浓郁，一低头、一抬眼都能发现小惊喜。而在楼梯空隙处，则架起了一个约4.8米高的原木书架。"这里的书差不多有几千本，都是以前老工厂舍弃不要了的，一些书都有了年头，成了绝版，我舍不得丢。"说到这个创意设计，张卫华很是得意。

跟随张卫华一起迁到碳素厂的还有几位画家，看到记者感兴趣，张卫华便安排人带着记者前去走访。画室有些简陋，有限的空间里摆放着约十余幅油画，屋子里很冷，徐学初披着一件厚厚的军大衣，正准备冲一碗速食热汤作为午餐。

出生于浙江桐庐的徐学初在上海读的大学，1968年毕业于上海戏剧学院，1973年的时候又到了上海戏剧学院附属戏曲学院工作，现在居住在与闵行相邻的徐汇区，后来又将画室设立在闵行区，可以说与上海、与闵行都有着很深的联系。徐学初告诉记者，起初他对吴泾并不了解，只记得吴泾曾是全国闻名的工业区。"本来还有一个朋友是准备和我一起来的，但是一听说是吴泾，他就怎么也不肯来了，说这个地方是化工区，不敢来。"徐学初哈哈一笑，"我不怕这个。"说起来徐学初也算是走过大江南北，见过了美景万千，如今将画室扎在这座历经沧桑的老厂房里，他倒是很满足。"我觉得这里蛮好的。"而另一间画室的基本布局与徐学初的画室大同小异，画室的窗口正对着一片树林，居高临下还颇有些毛泽东《沁园春·长沙》中描写的"看万山红遍，层林尽染"的意境缩影。

重新回到张馆长的办公室，才觉得暖和了，细细打量，这间办公室温馨舒适，哪里还有所谓"失落遗迹"的影子。张卫华对碳素厂的老历史也很感兴趣，他告诉我，厂区内还有一个车间，暂时不对外出租，这让他有些遗憾，"那个车间里还挂着毛主席的画像呢，挺有味道的。"

在"记忆"中永存

正说着话，来了一位客人，张卫华忙起身道："说起化工厂的历史，这位才是真正了解情况的。"

来客名叫袁仲天，现任上海碳素厂厂区对外招商部的部长。1976年他18岁，被分配到碳素厂，做过学徒工，也做过文书、财会一类的工作。袁仲天说上海碳素厂一路走来，几经波折——它曾是三家公私合营的企业合并改组而来，1958年6月1日建厂，1960年建成投产，曾先后隶属于上海市轻工业局、冶金局、上海宝钢集团公司、吉林炭素集团有限公司和中钢集团上海碳素有限公司。上海碳素厂搬迁后,袁仲天留下来从事厂区对外招商工作。可以说他见证了碳素厂乃至吴泾化工业区其他企业的兴盛、迁停等种种。

上海在历史上曾是中国最大的工业城市。吴泾则是上海最大的化工重镇。20世纪50年代末,吴泾是全国重点的化工和仓储基地,光龙吴路两侧就有十四家市属化工企业。1956年,党的八届二中全会期间,国家决定在第二个五年计划中兴建一批大型氮肥厂,而这项光荣而艰巨的首建任务交给了上海。1958年1月,一艘小火轮自黄浦江溯流而上,载来了时任上海市委书记陈丕显和副市长曹荻秋等几位领导寻址考察。当领导们确定将吴泾"老俞塘"地段作为吴泾化工厂厂址时,中国化工发展史由此掀开了崭新的一页,如一张白纸准备绘出美丽的图案,民族工业迎来春天。

1962年11月,吴泾化工厂自主设计、建设、安装、开车年产量达到2.5万吨的合成氨高温高压装置试产成功,消息一经传出,新华社、人民日报争相报道;1979年11月,国内第一套轻油转化年产8万吨的甲醇装置建成;1979年12月,我国自行设计制造安装的第一套大型合成氨装置试车成功,合成氨达到年产30万吨;同年,年产24万吨的尿素装置试车成功。

1959年9月,上海炼焦制气厂(1960年改名为上海焦化厂,1997年改制为有限责任公司)1号焦炉推出第一炉焦炭向市区供应煤气;1966年—1975年,2号、4号、3号焦炉也相继投产出焦;1994年时已经成了上海市最大的煤气厂,到了2013年,上海焦化厂已经承担了上海大半个城市53年的煤气生产输送任务,累计输送煤气300亿立方米。

而与此同时，上海焦化厂、吴泾化工厂、氯碱总厂、三爱富、上海碳素厂等大型国企也同样做出了不朽的业绩，在那个辉煌时代留下浓重一笔，邓小平、董必武等党和国家领导人也曾先后视察过这里，肯定了吴泾化工区在国家发展中所做的贡献。

那个年代，吴泾工业区一带可真正算得上是非常闹猛了，尤其是到了几个大厂上下班的时间，乌泱泱全是人。上海碳素厂职工最多时能达到6000多人，像吴泾化工厂这样的大厂能达到万人之多，这些职工大多都是被分配进来的，也有部分招聘进来的。为了解决职工住宿问题，化工厂附近还修建了一批简易的职工家属宿舍，如大家熟知的"吴泾一村"居住的就是化工厂的职工以及家属。

刘师傅1970年退伍回到上海，之后就在吴泾化工厂工作。据他回忆，"那时候工资都是死的，学徒有学徒的工资，正式职工有正式职工的工资，但是由于厂子效益不错，偶尔会有一些其他地方难得的'小福利'"。他清楚地记得，有一年中秋，化工厂食堂供应了鲜肉月饼，那年头吃肉不容易，鲜肉月饼更是稀罕物件，化工厂可是万人大厂，不是人人都能抢到的。那天他排了很久很久的队，才买到四只月饼带回去与家人分享，记忆中的月饼闻上去香喷喷，咬一口蓬蓬松，肉馅饱满多汁，味道特别好。而这样的"福利"经常让人羡慕得不得了。

近年来，随着国家和上海发展形势的转变，吴泾工业区也面临着经济效益下降、化工污染较大、环境品质不佳等一系列亟待解决的问题，转型发展的需求越来越迫切，为响应号召，吴泾工业区的企业进行了一系列的整改、关停、搬离等措施。如今，氯碱化工吴泾分区已经停产；上海碳素厂在经历过积极改进的挣扎后，于2006年搬离了上海；完成了最后

吴泾发电厂也曾在那个辉煌时代留下过浓重一笔

历史使命的吴泾化工厂的化肥生产线已经停产、焦化厂的煤气锅炉也已歇工，两家化工厂合并为华谊能源化工，预计在2019年左右也要为吴泾下一步继续打造科技时尚的特色小镇规划而让路了。

在不久的将来，老吴泾人眼中的大烟囱将真正成为记忆中的时代符号。

在"蝶变"中新生

离开厂区时，记者看到几位老人站在厂区门口张望，不时拿出手机拍照。门卫师傅见怪不怪，"应该是以前碳素厂的老员工，尽管已经离开了很久，还是没割下对这里的感情。"

怀念却不必留恋，人们记忆中呼呼冒着烟的大烟囱是中国快速发展道路的催化剂，它带来的好处是真的，它带来的"破坏"也是真的。一度靠味道就能识别的吴泾地区，天空永远是雾蒙蒙的，按照袁仲天的话来说，"好像单单为吴泾这一块的天加了一个灰罩子。"尤其是排放带有腐蚀气体的化工厂周围，铁栅栏能用筷子戳出洞，车牌也都是锈迹斑斑。但是，自从化工厂逐步关停、搬迁后，龙吴路上的味道淡多了，绿化也都越来越茂密。如今，吴泾正一步一步朝着科技、生态、时尚的方向转型，拥有了紫竹国家高新技术产业开发园区和知名的高等学府——上海交通大学、华东

在不久的将来，大烟囱将成为吴泾人记忆中的时代符号

师范大学，还有诸多尖端科技产业扎根于此，莲花南路上的时尚文化产业基地已经启动，有望成为闵行甚至上海的时尚地标。

原本曲吴路上的青上化工、富丽化工、安富化肥三家化工企业区域被人视为"破烂破旧又污染"，在2011年底，在不改变原有建筑的情况下重新设计、改造，引进创意型产业。"旧瓶酿新酒"，原来的化工车间变成了文化科技基地、体育馆、LOFT办公间，又引入了汽车影院、红酒体验坊，多次被评为市级荣誉称号。园区还有一个好听的名字"中国梦谷——南上海文化创意产业园"。

上海碳素厂内现有的影视基地知名度也是不断提升，赵薇、黄晓明等都曾在此拍摄过影视作品，未来碳素厂会根据滨江开发项目进行新的规划设计。为配合闵行区滨江开发，上海电力也积极推进厂区搬迁，吴泾工业区综合整治工程有序进行，滨江公园、郊野公园项目已初显风貌，人们美好想象中的"闵行外滩"或将指日可待。

"重生"是痛苦且艰难的，但也是令人充满期待的。

从制造到智造

李步青

闵行一直是上海市重要的产业发展基地。

早在20世纪50年代，闵行区就拥有了被称为"四大金刚"的上海电机厂、上海汽轮机厂、上海锅炉厂和上海重型机器厂四家万人大厂。如今，上海市共有九个国家级开发区和二十个市级开发区，其中闵行区就有两个国家级开发区——闵行经济技术开发区（以下简称"闵行开发区"）和紫竹高新技术产业开发区（以下简称"紫竹高新区"），一个市级工业园区——莘庄工业区。

从"四大金刚"到闵行开发区和莘庄工业区，再到紫竹高新区，这是一条从"制造"到"智造"的发展之路，是一条产业升级和转型之路，为闵行的崛起和腾飞留下了浓墨重彩的一笔。

面积最小　产效最好——闵行经济技术开发区

闵行经济技术开发区地处闵行区的西南面，创建于1983年，由上海闵行联合发展有限公司（简称闵联公司）负责开发、建设和经营管理。1986年8月经国务院批准为国家级经济技术开发区，这也是全国首批十四个国家级开发区之一。现在的闵行园区总面积3.5平方公里，是国家级开发区中占地面积最小的工业开发区。

闵行经济技术开发区

在中央和市委、市政府领导的亲切关心和指导下,闵行开发区在引进外资、消化吸收先进技术、发挥对外窗口、经济辐射作用和带动区域经济发展、解决劳动力就业方面取得较大成就。单位面积的企业利润、上缴税收、工业增加值等各项主要经济指标按单位面积计算,始终位于全国各开发区前列,成为国内成熟开发区的成功典范。经过三十余年的创业历程,闵行开发区形成了以机电产业为主导、以医药医疗产业和食品轻工产业为辅的三大产业板块。

与此同时,全球500强企业中有29家进驻开发区,直接投资的项目占开发区企业总数的37%,其主要经济指标在开发区所占比重超过80%。开发区良好的投资环境,吸引了投资者不断追加投资,区内60%以上的企业都进行过一次以上的增资扩建,全区每年增资额均在一亿美元以上。经计算,闵行开发区每平方公里吸引外资超过了10亿美元。

近十年来,闵行开发区经历了两次大的转型发展:一是经过产业结构不断优化,在自然集中、产业集聚基础上,逐步向企业集群化发展,形成了十多个平均年产值20亿元以上的企业集群及核心企业;二是在全球金融危机之前开始注重引进2.5产业,发展以研发中心为主导的生产服务业,不断提升产业能级。

闵行开发区作为上海历史悠久的经济开发区,历来受到党和国家领导人的青睐。邓小平、江泽民等曾先后视察过闵行开发区。它也是1992年初邓小平"南方谈话"中的重要一站。当年10月，党的十四大明确提出我国经济体制改革的目标是建立社会主义市场经济体制。之后，党的十四届三中全会通过了《中共中央关于建立社会主义市场经济体制若干问题的决定》，进一步明确了社会主义市场经济体制改革的主要内容。2004年7月，时任中共中央总书记、国家主席胡锦涛视察了闵行开发区企业——阿尔斯通轨道交通车辆有限公司。

绿色智造　引领未来——莘庄工业区

莘庄工业区是由上海市人民政府于1995年8月批准成立的市级工业区，总开发范围22.91平方公里。从成立开始，莘庄工业区就依托制造业

莘庄工业区

优势，致力发展包括机械及汽车零部件、重大装备、航空航天等在内的"6+1"的主导产业格局。园区内80%的企业来自欧、美、日，产业的集聚度也很高。另一方面，依托上海市的区域位置、人才资源、金融服务等方面的优势以及虹桥商务区的辐射效应，着力于打造低碳、智慧、集约的国家级生态产业园区。这也是莘庄工业区一直以来的愿景。"6+1"的主导产业格局为：机械及汽车零部件、重大装备、航空航天、电子信息、新材料及精细化工、生物医药以及生产性服务业。

自始至终，莘庄工业区一直在努力探索一条与外部环境、自身优势相匹配的转型道路。2010年，莘庄工业区提出"三大转型"发展战略，也就是经济结构转型、经营模式转型和管理体制转型，切实践行"引领绿色智造，实现产城融合"的园区使命。转型重点落脚在西区生产性服务业集聚区建设与东翼沪闵路沿线改造上，特别是西区建设，低碳化、智慧化、集约化建设的特点日益显现。园区与中国华电集团联手打造总投资30亿的分布式能源中心，建立了"冷热电"三联供中心，为闵行提供更多的清洁能源，每年可减少二氧化碳排放24.4万吨，相当于在城市中种植7平方公里的树林。

此外，莘庄工业区非常注重园区的科技创新发展，充满了科技创新的活力，重视对科技型企业扶持和培育力度，已逐步迈入了创新驱动、转型发展的历史阶段。莘庄工业区稳步推进科创四新基地（创智公园）的建设，产业聚焦优势科创，以"智能装备"为核心，以关联新技术新产业为延伸，力争到2020年，把莘庄工业区建成全国领先的智能装备创新基地。现在，园区内的高新技术企业超过100家，科研机构、企业的研发中心有118家，已经成了上海先进制造业和生产型服务业融合发展的园区。

仅三年时间，园区先后有60家制造业企业进行了增资，制造业企业中有40多家企业进行了转型升级。制造业能级提升为园区经济发展提供了有力保障，使园区经济稳健攀升。

莘庄工业区历经二十几年的发展，已成为闵行经济发展的重要增长极，先后获得了"国家生态工业示范区"、"国际新型工业化产业示范基地（装备制造）"、"国家循环经济试点示范单位"、"上海市知识产权示范园区"等荣誉称号。

上海"硅谷"有凤来栖——紫竹高新技术产业开发区

浦江第一湾，一座创新性高科技新城开始飞速崛起。

这就是被誉为上海"硅谷"的创新创业基地——上海紫竹高新技术产业开发区。2001年9月经上海市人民政府批准建设，由闵行区人民政

位于浦江第一湾的紫竹高新区

府、上海交通大学、紫江集团、上海联和投资有限公司等各方面共同筹划和投资组建，是集科研、人才、资本、产业等优势、运用市场化运作方式而设立的新型高新技术产业开发区。

紫竹高新区地处吴泾镇和江川路街道的交界处。2002年6月25日，紫竹高新区成功奠基，一期规划面积13平方公里。2003年，被列为上海市高新技术产业开发区。到2011年6月，紫竹正式获得国务院批复，升级为国家高新技术产业开发区。作为中国唯一一家以民营经济为主体运作的国家高新区，紫竹高新区也是上海建设"具有全球影响力的科技创新中心"主要功能承载区。

从建立之初起，紫竹高新区就沐浴在政府的殷切关怀和大力支持中，始终坚持"开发主体民营化，政府、民企、高校合作共建"。现如今，紫竹已经形成了以信息软件、数字视听、生命科学、智能制造、航空电子、新能源与新材料为支柱的产业结构，吸引国内外知名企业的地区总部、研发机构和高端制造入驻，成为全球高端研发和技术集聚区。包括因特尔、微软、可口可乐等三十多家国际知名研发中心和地区总部如凤来栖，紫竹成了跨国公司技术溢出和人才溢出的重要源头；中国商飞、中航GE民用航电系统公司、东软集团等多家国家级研发机构和重点企业也纷纷落户。

在此基础上，紫竹高新区运用政府所赋予的优惠政策，最大限度地降低企业运行成本，实现人才与产业集聚的放大效应。人才是创新之本，区内上海交通大学、华东师范大学、紫竹国际教育园区、紫竹新兴产业技术研究院拥有丰富的科研、人才、智力资源。区内本科以上从业人员达95%，硕士生占34%，博士生占16%，一大批高层次、高学历、高能力的企业精英云集。依托高校科技资源，紫竹搭建开放创新平台，推动产学研协同创新，紫竹创投中心更是被授予"国家级科技企业孵化器"称号。

创新创业十五载，这片代表着科技与创新的神奇土地获得赞誉无数，先后被评为"海外高层次人才创新创业基地""中国（上海）网络视听产业基地""国家新型工业化产业示范基地（软件与信息服务业）""国家科技兴贸创新基地（生物医药）""国家知识产权试点园区""中国版权最具影响力企业"等等。

随着高新区建设的推进，紫竹高新区未来将继续发挥体制机制优势，从闵行出发，进一步辐射到周边金山、奉贤、松江等区域。从体制机制、科技创新体系、产业布局、人才培养和聚集、产学研合作、创业服务平台等方面着力全方位打造创新创业基地，改善吴泾、老闵行地区的社会综合水平，以开放的姿态汇集上海南部的创业资源。

今天的闵行，经济实力雄厚，创新资源集聚，配套设施完善，政策环境优越，正处在"天时、地利、人和"的最佳状态。

未来的闵行，将坚持统筹区域经济发展的方向和趋势，以创新为引擎，建设成为上海科创中心重要的承载区，成为上海市最具创新影响力的科技创新功能聚集区之一。

第二部分

遇见,在闲庭信步中品味

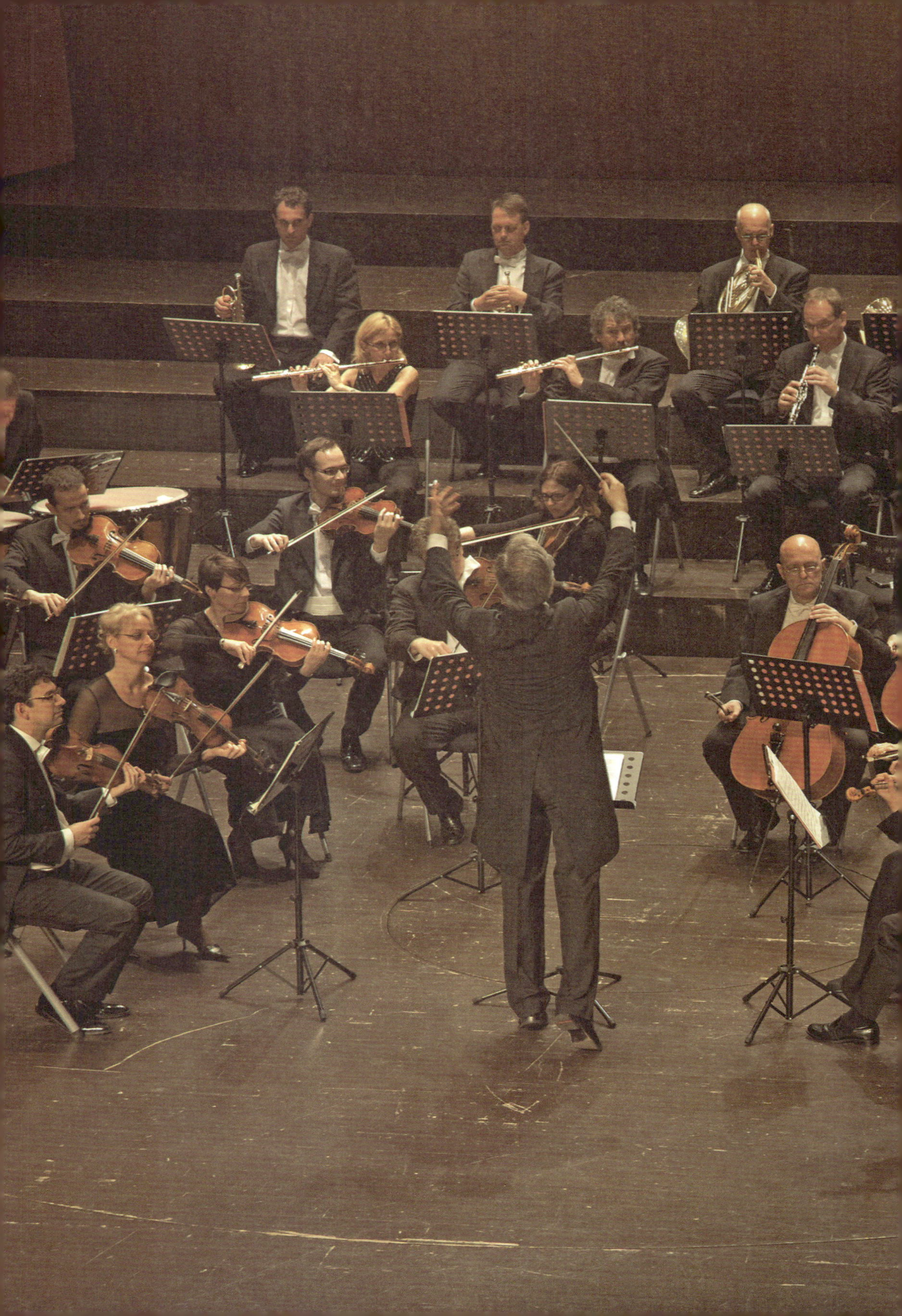

艺术殿堂的门为谁而开

王杲松

2010年,当上海西南地区最大的剧院——上海城市剧院在闵行区都市路刚刚开业运营的时候,人们还心存疑惑:世界级的艺术真的能走到家门口吗?

当年4月29日,奥地利匈牙利海顿爱乐乐团首次登陆中国,首场演出就在城市剧院。

邀请　双方一拍即合

夜幕降临,城市剧院的舞台上,来自奥地利的艺术家们正紧张地做着最后的排练和调整。远处广场的电子

城市剧院里的激情演奏

屏幕上，正滚动播放着今晚演出的公告。作为剧院的项目经理和本次项目的总策划，杨来毅的心里可谓五味杂陈，自己和团队半年多来的努力也将在今晚交上一份答卷。

晚7时30分，大幕开启，当18世纪特有的交响形式在剧院的上空奏响美妙乐章的时候，这一晚，闵行的家门口就是世界艺术的舞台，音乐带着它特有的感染力跨越地域国界，直达人心。

作为世界级的交响乐团——海顿爱乐是如何来到闵行，来到城市剧院开始他们的中国之旅的？在演出前夕，杨来毅给我们揭开了谜底："今年年初，我们通过一些渠道了解到海顿爱乐有意向来中国演出的信息，这是一支风格鲜明、独特的乐团，演奏带着明显的奥地利风格。经过剧院方面讨论，大家一致认为剧院有底气邀请世界顶尖乐团前来演出。"

杨来毅显得信心十足，他告诉我们："城市剧院三年来已经培养了一支高素养的观众群，也成功接演了维也纳广播交响乐团、柏林交响乐团等世界一流的乐团，今年1月1日与1月5日，城市剧院推出的维也纳节日交响乐团与美国VALPO交响乐团的两场演出出票率为100%和90%。"

满载信心，带着剧院的空间布置图、灯光、音响设置图，三年来交响乐演出的详细目录，观众群的结构报告，剧院对邀请演出的交响乐团的定位构想与实施情况等详细资料，剧院项目团队踏上了奥地利的土地。

最终结果用杨来毅自己的话说，双方可谓是"一拍即合"。"整个的邀请过程比较顺利，因为海顿的作品代表了他们那个时代的辉煌，他们很希望把经典带给中国的观众，加上上海市场是所有世界知名乐团的兵家必争之地，他们也知道有很多世界级乐团都纷纷踏足过上海，所以双方的谈判还比较顺利。最终，团方被城市剧院的诚意打动，愿意将中国巡演的首

上海城市剧院外景

站定在城市剧院，并把谢幕演出定在了北京国家大剧院。"

对于首度来中国的大剧院演出，海顿爱乐乐团经理 Geza Rhomberg 也在演出之后向我们表达了他的兴奋之情："我们之前已经在韩国、日本等亚洲国家和地区演出过，所以也非常期待来到中国演出，我们觉得这边的观众很棒，今天我们也受到了非常友善的接待。"而对于剧院的硬件各方面的设施，他也表示相当满意。

推广　积极寻找亮点

项目引进了，但如何推广却是摆在大家面前的一道难题。对于广大

新近装修好的剧院大堂

的古典音乐爱好者来说，海顿的音乐，很多人还不是非常熟悉，"这是一支非常特殊的团，它的受众面相对较小，在推广这个团的时候，说老实话开始我们有点一筹莫展。"市场部经理顾羽告诉我们，"第一，宣传的点怎么去铺开，刚拿到项目资料的时候，我们只知道这是一支为了纪念音乐家海顿而成立的团，他们录制过所有海顿的音乐作品，这是他们比较出色的地方，而其他的点我们挖不出来。"

通过对这个乐团的逐步了解，顾羽和她的推广团队找到了很多的推广点，首先海顿爱乐乐团的45人编制有着其非常鲜明的特色。顾羽说："为什么是45人，不是现在通行的90人左右的大乐队的编制，那是因为这个乐团保留了18世纪海顿时期专门为宫廷做交响乐的形式，18世纪交响乐的演出舞台往往是皇室贵族的府邸，不能像现在音乐厅有这么大的空间。由于场地的限制，当时的乐团编制都维持在40人左右。所以海顿乐团保留了宫廷交响乐的这个传统，这是它有别于其他交响乐团的一个特色之处。"

其次，海顿的音乐，有一种穿越古今的感觉。海顿一生创作的交响乐曲有一百多部，城市剧院从中选了94号和45号比较有代表性的也是中国观众最感兴趣的两部作品，其中45号交响曲《告别》有一个非常有意思的故事，据说，当年海顿受雇于王公贵族，临近新年，乐团成员都不愿意加夜班。海顿对亲王开起了"玩笑"——演奏会上，只见随着乐曲的推进，乐手们一个个离去，直到最后，偌大的乐队只剩下了一个小提琴手。因为这个趣闻，这首交响曲有了《告别》这个俗称。

这些有故事性的作品给海顿音乐增添了独特的魅力，也给剧场的市场推广带来了亮点。

基础　三年音乐普及

在海顿乐团的宣传海报上，我们赫然看到了城市剧院开张以来的演出最高票价1080元。

顾羽告诉我们："这次的演出在票价的制定上我们也是费了一番心思的。我们虽然有一千多元的高票价，但也有一百多元的低票价，剧院在音乐爱好者的培养上也做到了循序渐进的过程，不同层次的观众有着不同的需求。因为这次的乐团引入成本很高，平时的票价最高也才580元，这次的出票多少我们不是很强调，主要还是以打品牌为主。我们就是要告诉大家，在城市剧院也有高质量的演出。"

之所以有引入高质量演出团体的底气，这跟城市剧院三年来对群众的艺术欣赏的培育是分不开的。剧院在两年前就推出了一个叫"城市之光"的音乐普及类的讲座。形式主要以讲座为主，还有现场的表演，中间还会请老师来讲解音乐知识。

据了解，"城市之光"涉及的种类不仅是室内乐，还有舞蹈、戏曲等其他艺术形式，观众们都亲切地称之为艺术课堂。

"城市之光"的讲座培养了一批音乐爱好者，剧院进而在今年推出了"城市乐章"室内乐演出系列。"我们邀请到了一大批在国际上享有盛誉的大师级演奏家和音乐团体参与其中，推出的演奏类型也相当出彩，我们希望在'城市之光'的基础上再培养一批层次更高的观众。"顾羽信心满满地表示。

亲民　让艺术走入寻常百姓

与市中心区域的剧院动辄三五百元的票价相比，城市剧院几十元的公益性票价可谓亲民，更重要的是，开在家门口的艺术剧院，给周边的居民有了一个欣赏高雅艺术的好去处。

以亲民票价展现高品质演出是城市剧院经营的核心，城市剧院在改善古典音乐欣赏的方面进行了突破。由于不懈的坚持，包括维也纳广播交响乐团、上海交响乐团在内的国内外著名乐团频频光顾这里，已在莘庄周边区域培养了一批具有一定音乐素养的观众。

顾羽坦言："在4月份推交响乐演出其实并不是一个最合适的时机，因为新年音乐会刚刚过，好多观众是刚刚欣赏过交响乐，那么他就没有更大的余量去听一场大型的交响乐。但是剧院要求每年的上半年和下半年都要有一个好的项目，作为一个剧院除了普及性的推广，还需要高档次的演出。宁愿亏钱，也要把好的艺术团体引进我们剧场。"

一个城市的品位，不在于GDP的多少，而在于有多少人能够走进剧院，去领略艺术带来的魅力。从某种程度上来讲，城市剧院虽然是一个商业性的演出场所，但它承担了普及高雅艺术的使命，它让更多的老百姓走入了艺术的殿堂。

在这里，来一场邂逅

贺菁琳

  空白的纸上，墨块，线条，各种元素组合，似中国水墨，又极具现代感……站在这样一幅画作前，记者有些懵。不敢承认自己的无知，于是继续摸着下巴思考。旁边美博艺术中心的工作人员估计是看不下去了，告诉记者说这幅画叫"早高峰的地铁"。顿时大悟，仔细再看，竟能看出清晰的人影以及生动的面部表情。甚至感觉自己仿佛也身临其中，周围人潮

名为"墨韵东方"的展览汇集了圈子里许多知名艺术家的作品

涌动，熙熙攘攘。

这种感觉，大概就是艺术的奇妙之处。

每个人都可以是艺术家

美博艺术中心是一座民营的美术馆，位于莘庄镇附近黎安公园的西南角，建筑面积4300多平方米。第一次去的时候，在黎明路上绕了好久才找到正门，虽然偏僻，进去了却发现又是另一片天地。四周环境清幽，草地新竹，一条小河缓缓流过，中心一座很有设计感的小楼便是美博主体建筑。

很难想象这里曾经是一片荒芜。

总经理助理吴慧群，一个"九零后"的应届毕业生，毕业后机缘巧合来到美博，自2012年建馆就在这里工作了，讲起曾经艰难的创业，不免有些自豪。"来的时候，这里什么都没有，用一个词形容就是家徒四壁。"经过数年的稳步发展，如今，美博艺术中心在圈内已小有名气，从开业寥寥无几的观众，到现在很多艺术爱好者特地从外地赶来，亲身体验艺术的魅力。她说其实打心底里自己是想做一个艺术青年的，但无奈天赋有限，还好，在美博待得久了，受这里浓厚的艺术氛围的感染熏陶，也懂得了一些门道。"事实上，每个人都可以的。看一幅画看不出的，就多看几幅，看多了也就知道了。"同样的一幅画，在不同的地方欣赏感觉会不一样，看到最后总能够品出些味道，这也是为什么观众要到美术馆来看画展，在整体氛围的影响下，那种艺术与心灵的对话或者说默契会变得及远而近，顺畅有力。

艺术总监兼馆长李言是2015年10月份开始负责美博中心运营的。作为美博中心负责人，自身也必须了解艺术，才能够感悟艺术的真谛。而李言本人就是个艺术家。早在两三年前，他的作品就已经在美博中心展出了。在接手美博馆经营管理之后，虽仍然会从事创作，但感受度却有了很大的不同。"之前就是很关注艺术，其他什么都不用管。现在呢，眼界变得更加开阔了，每天可以接触到不同的艺术家，交往不同的人，这对个人创作非常有好处。"这个不同不仅是创作方式的不同，更是作品风格、表现技法上的不同。展览交流开阔了眼界，同时也会呈现出一些倾向——比如技术对艺术的抑止；完美对创新的抑止；共性对个性的抑止……所以要求艺术家要以更加敏锐的思维，更大的勇气和更专注的态度投入于此，才能创作出更接近艺术本质的作品。他讲起自己曾经得花三天完成一幅画，现在只要灵感来了，几个小时就可以创作出一幅满意的作品。风格上个人特色也更加鲜明，更注重给作品作"减法"，用自己的个性绘画风格来表达自己的感受，在传统与现实的关系上作出自己的回应和尝试，反而有了意想不到的表现。

美博中心从开馆到现在已举办"海上清辉——小幅中国画作品展""致敬林风眠——沪上十一人水墨邀请展""老上海月份牌年画珍藏展"等群展五十多场，以及"灵性·意向——唐云辉画展""水语诗吟——孙家佩油画展""大写——贝家骧油画水墨展"等诸多个人画展，集结了沪上知名艺术家的佳作，得到美术圈众多名家的好评，也收获了广大观众的交口称赞和支持。画展的作者不仅有当今著名的老画家、实力派中青年专业画家，还有长期坚持中国画创作的业余画家，另外也有一些高校艺术院系直接在画展现场开展教学活动。

现在美博中心有一批"铁杆粉丝"观众，几乎每场展览必到，非常珍惜与画家零距离面对面交流的机会。每年中心还有各种高端学术研讨

美博艺术中心为社区提供了一个公共艺术教育的空间

会、文化沙龙、品鉴收藏讲座及大奖赛等,引起文艺评论家和各路媒体的广泛关注。

目前美博中心正在做一个"美博亲自碰碰乐—儿童二手用品置换活动",该项目是家长带领孩子参与社会活动的良好机会,在活动中传播绿色、环保的概念,学会分享及锻炼社会交往能力,这个项目由美博艺术中心董事长陈晖策划、艺术总监李言一手组织的,"这是我们的第一届,并且以后也会一直办下去。"

与艺术人文美好邂逅

在整个展厅走上一圈,发现类似"早高峰的地铁"的作品还有很多。

李言告诉记者，这次展览的主题是"墨韵东方"，参与展览的多是圈子里有一定名气的艺术家。美博中心有一支专业的策展人队伍，成员都是在圈内圈外有知名度，有影响力的人士。策划一次展览，要考虑学术观念上的差异，对画家们不同的创作特点、成就进行综合考量，梳理后进行总结，然后根据展览主题来邀请艺术家们，之后大家自行创作，最后确定作品，进行装裱展览。

美博中心是典型的民营美术馆。而在中国，民营美术馆的发展路程并不顺利。在1998年、1999年，是民营美术馆发展的高峰时期，迎来了创建热潮，2000年却纷纷倒闭，直到2002年又再次兴起。他们没有国家雄厚的资金支持，却顽强地生存了下来，而且越来越得到社会的认可。作为一个特殊群体，在国内日趋多元化的艺术生态中，民营美术馆发挥着重要作用。如今在北京、上海两大艺术中心，以及南京、杭州、广州、深圳、重庆和成都等城市有很多民营美术馆。在这些民营美术馆人士的眼中，美术馆不应只承担美育教育的角色，也不该只是向社会提供美术服务的机构，它还承担着启示文化，引领文化思潮的重要责任。

不过，对于美术馆而言，做法不一样，呈现出来的东西自然也不一样。美博中心立志打造上海西南地区的文化新地标，成为艺术品创意展示的服务中心，营造一场与艺术人文的美妙邂逅。馆内经常开展学术研究，为艺术家搭建了一个创作、交流的平台；展览则实行常年免费，不仅是为了丰富市民的精神生活、为市民提供一个享受视觉艺术的场所，也是为了向公众普及艺术知识、提升美术欣赏水准，为社区提供一个公共艺术教育的空间，实现"人人享受美术"的愿景。

但同时，民营美术馆也会存在着不可避免的实际问题，资金缺口便是最大最实际阻碍发展的瓶颈。美术馆运营,每个环节都需要大量的资金:从日常运营、人员雇佣、行政开支、硬件建设、媒体宣传、教育活动到项目支出。对于民营美术馆来说,要维持要拓展,就一定要正常的配套支持,投资人可作一时的投入,但毕竟不是长久之计,更重要的是其依靠自身良性的运转,真正做到"以馆养馆",才能更具活力和生命力。美博中心自2015年6月开始转型,将单一的美术展览馆向综合性的艺术中心转变,资金问题有了一定缓解。现在,美博中心除了展厅之外,还有咖啡厅、茶座、会议厅、会客室、音乐吧以及艺术衍生品商店等配套设施,不仅帮助美博馆解决了部分资金缺口的问题,还为展览积聚了人气。

"目前还有一个问题就是人手紧张。"美博中心的工作人员基本上都是身兼数职,不仅要出文案、做设计、出海报、办杂志,还要负责各个配套设施的正常运营。除了完成中心的日常工作,有时还要兼任咖啡厅的服务员或展览会场的临时人员。即便如此,大家热情依旧,这也许是艺术的另一种感召力吧。

艺术是让有智慧的人聚集在一起

有人说,艺术就是要让有智慧的人聚集在一起,共同探讨价值观、文化走向。而作为美术馆,就要把外延尽量扩大,打破艺术圈的界限和壁垒,比如推广展览,应该能让社会各界、各个学科产生共鸣,让考古学者发现它还有一定的考古价值,能从中发现社会变迁的差异性,面对社会学界来说,则可以发现艺术品折射出的一些社会问题等。

2014年,美博中心作为上海新品花卉展销会的分会场,进行了为期

艺术，就是让有智慧的人聚集在一起

四天的展览。这是民营艺术机构与农委合作的一次花展，美博中心每天人数爆满。家庭主妇们对多姿多彩的花卉品种喜不自禁，天真的孩子在花草中绽放笑脸，除了小区居民，还有商人、花农远道而来。展销会期间，孩子们还可以学习插花艺术、创作陶艺。这几天虽然忙碌，但所有工作人员都因充实而快乐。

作为美术馆，最大的收益应该是收藏品。美博中心的收藏人群除了平时观看展览的观众之外，还会有学生群体。根据作品的艺术水平，学术价值不同，收藏价值自然也不等。李言自入行开始，便一直在美术圈发展，即便现在忙于经营，也从未远离。平时，他自己也会收藏一些好的作品。他说从一幅作品中可以看出艺术家的自身素养，看不同艺术家的作品，多学习，博取众家之长，"我们也要跟上时代，学会创新。"

美博中心还经常会接待来自福利院、老年大学的人们。他们从很远的地方赶过来，有时候在展厅里参观上一天，或是在中心的草地上画素描。虽然，对于他们来说，这也许只是为了提高自己的艺术修养与内涵，但是对于上海来说，这样的艺术氛围则让这座文化大都市更显内外兼修，名副其实。

美博艺术中心正成为上海西南角引人瞩目的文化新地标。

大隐于市

徐晓彤

  美术馆，该是一片为少数人所拥有的绝妙领地吧？

  隐匿于城市的边缘，依附于百年老树的沧桑，以阳光虫鸣为伴，将厚实且高低参差的水泥墙体化成一座山的姿态，这就是我对美术馆一直以来的印象。

  而当我站在龙柏新村地铁站出口，被狂欢购物的人潮挤进升降梯，每停一层楼就会有餐厅的香味向我扑面袭来时，爱琴海购物中心那五彩缤

位于购物中心8楼的明珠美术馆，为消费与精神的共融寻找平衡点

纷的世界让我对美术馆固有的认识产生怀疑。

明珠美术馆在购物中心8楼，抛弃了"纯粹艺术"的至上主义，它似乎更愿意在一个消费与精神共融的生态中寻找平衡点。我渐渐意识到美术馆早已不是艺术家们的独有资产，或许它早已走下"神坛"，从高高的云端，演变为人人都触手可及，乐于亲近的土地。

在商场里逛美术馆

"去几楼？"

站在我身边的一个女生，手指停在按电梯键的半空中，犹豫着。

"要不去8楼看看，好像是个美术馆。"

"那好吧，反正离电影开始还有一个小时呢。"另一个女生看了看手机说道。

商定好下一个去处后，她们又立马聊起了刚刚结束的那顿午餐，似乎还沉浸在美味所带来的满足感。高频快速的语调显得畅快自由，那是在一周的劳累之后难得的释放。

不消一分钟，电梯就停在了8楼。从没有一家美术馆像明珠美术馆一般，自我第一步踏进它的世界，就颠覆了我对它所有的想象。

明珠美术馆是日本建筑大师安藤忠雄的倾心之作，而让建筑业内人士以及艺术、阅读爱好者们津津乐道的就是它和7楼的新华书店所缔造的共通空间——"光之空间"。在直观呈现艺术展览的同时，也可以提供阅读所带来的文化滋养。

这是一个包含书店的美术馆，亦是一个包含美术馆的书店。

美术馆不是一栋死板的建筑，而是一片能让人轻松自由的空间

　　一种令人心安的宁静霎时间笼罩了下来，嬉笑声戛然而止，令人恍若隔世。我们经历了某种程度上的失语和发怔，愣了一下后，才走出电梯。

　　那天，美术馆正举办着安藤忠雄本人的建筑回顾展"安藤忠雄展·引领"。由于是临时计划，她们好像并没有买票的打算，只在美术馆入口处的一个小展厅闲逛着。在这个区域，可以看到美术馆从最初的草图开始，逐渐成型到最后完工的过程。

　　"安藤忠雄，你知道吗？"

　　"不太了解，好像是日本的一个著名建筑师。"两个女生正为这场展览找点头绪。

她们不再说话，默默看了几分钟，我回头看向她们，已经完全没有了刚刚电梯里那种兴奋感，取而代之的是一种安静。

"哎，这上面说7楼还有一个新华书店，也是他设计的，要不要去看看。"声音压得很低，与电梯里的欢笑声彼此间产生了呼应，让我忽然倍感这艺术的神奇。

我没有继续听她们的对话，只觉得普通人与艺术的距离比我想象的要近，也许她们原本并没有去美术馆的计划，也无法料想会与艺术产生这次偶然的邂逅，但与艺术的对话就是这样发生了，在繁华喧闹的商场里。

没错，商业和艺术并不矛盾，打造"大隐于市"的艺术氛围也未尝不可。

美术馆只有专业人士才去？

商业广场才是普通人的消遣选择？

忘记这些偏见吧，游走于艺术和商业的边缘，模糊了高雅和大众的界限，将美术馆安置在商场无疑是一种让人更具亲近感的尝试，它在无意中正引领着这座城市的步履节奏、呼吸吐纳，改变着我们的生活方式。

看展太累？来书店吧

你无法想象，当我在美术馆走得腰腿滞重、口干舌燥，看见书店里的休息处时有多么惊喜；你也无法想象，当我在美术馆收获所有"满足感"之后，在书店里再次直面自己时有多么惬意。

不得不说，看展是件体力活。

主展区像是一本安藤忠雄的个人传记。展品内容沿着弧形展墙整齐排列，带有灯光的中间部分挖空的墙内陈列了约200本关于安藤忠雄的书籍，上下部分则按照时间顺序，从安藤忠雄的童年讲起，以照片结合文字说明的方式记录关于安藤忠雄的20个事件、100个瞬间和300个作品。

从头至尾一字不落地阅读完整面墙上的内容，可能要花上一个多小时的时间。明珠美术馆中并没有设立可供坐下休息的地方，看展之路注定是一条朝圣路，每一个字都在考验你的忠诚度。

勇于接受考验的人群当中不乏有很多学建筑和设计的学生们，他们有着超越普通人的灵性，便可很快地与安藤忠雄隔空"交谈"。而大多数则是像我这样一个无艺术天分，不懂艺术，又不靠艺术吃饭的普通人，能否通过考验完全随缘。其实大多数情况下，都只是粗略一看，终究只记得粗体、字号大的那部分。

书店·光的空间

即便是这样，足足两个小时的缓慢行走、站立已让我倍感吃力，恨不得满世界地找椅子。

安藤忠雄似乎对这一点深有体会，他深知自己需要的不是一栋死板的建筑，而是一片能让人轻松自由的空间。当美术馆让你感到有些许倦意，那么就来书店吧，那里将是另一番风景。

事实上，也确实如此，如果说展厅里的留白和冷色是为了冷却你的浮躁与不安，那么温暖的原木色和浪漫的星空穹顶设计，则让书店成为人们经历长途修行之后最好的休息和思考之地。

天真活泼的孩子们按捺不住跳动的心，在这里释放天性；被求知欲驱使的学子们隔绝外界的喧扰，在这里饥渴阅读，还有那些刚刚看完展的参观者抑制不住思想的迸发，在这里一吐为快……

自由在这里得到了充分诠释，自然轻松的交流让美术馆不再是绝对的精神领地，不再是一个高不可攀的灵魂，将城市和居民紧紧相连，成为它最新的角色定位。它可以很亲切，让你在人情消费中感受这座城市的温柔力道；它可以很贴心，在物欲横流的世界里，为你填补灵魂的空缺。

书店有着透明的大落地窗，好像是特意为美术馆打通了连接世俗的通道。我坐在窗边，看见整个玻璃框都无法完全容纳下的商场，我知道川流不息的人们实则早已内心疲软，但我也知道会有无数人，在狂欢之余无意间发现这片意外的小憩之处，他们会放下聒噪，独守安宁，重新获得思考的能力。

在"娱乐至死"的时代里，或许，美术馆会成为人们保持自我的最后阵地。

30年，只为打造好一盏琉璃

陈美玲

在七宝琉璃工房，有一对琉璃界的最佳CP，一个是柔软如水、温暖如春的"演员"，一个是深邃如夜、刚毅如铁的"导演"。他们是琉璃工房的董事长杨惠姗和执行长张毅。

工房里，杨惠姗时而若有所思，时而掩面而笑，时而感慨万千，虽然她创作的琉璃坚如磐石，但她的内心细腻如丝，于千变万化的雕琢中演

夫妻档从零开始坚持30年，创作益心作品转化向上力量

绎生命的色彩。相比之下，坐在一旁的张毅则稳重许多，要么侧耳听，要么即兴谈，追古溯今，有理有据又有力，于绵延不息的传承中阐释文化的力量。

30年来，在磕磕碰碰中，张毅和杨惠姗"捡"起了中国琉璃艺术，也创造了现代琉璃品牌——琉璃工房。而对于他们，无论是拍电影，还是做琉璃，都是用心灵在体悟，用生命在创作，所不同的是，琉璃这部"电影"只有起点，没有终点。

电影和琉璃创作不应该有天花板

很多人认识张毅和杨惠姗都是从电影开始。

1987年之前，杨惠姗已经拍过124部电影，获得过两次台湾"金马奖"最佳女主角和一次"亚太影展"最佳女主角。彼时，张毅是台湾新浪潮电影代表人物之一，导演了女性电影三部曲。两人在电影《玉卿嫂》中相识，这也成了琉璃工房最早的渊源。

不过，回忆起12年的从影经历，杨惠姗只是轻描淡写，甚至觉得，拍电影是为琉璃做铺垫。"电影和琉璃是相通的，电影是表演，琉璃是另外一种形态的表演，两者异曲同工。琉璃创作时，表演艺术的磨砺给了我很大的帮助。"

但和纯粹的雕塑比起来，杨惠姗更喜欢琉璃的通透明净。《药师琉璃光如来本愿功德经》有言：身如琉璃，内外明澈，净无污秽。"大多数物体只有外延，无法看到它的内在。琉璃不同，不仅有外延，还有内涵，这也赋予创作更多的可能性，甚至可以做到内外呼应。"

卸下影后的光环，杨惠姗不停地用双手捏制泥坯、烧制琉璃，原来那双纤纤玉手已不复存在，取而代之的是一双结实巧手，充满了力量和韧劲。言谈中，她总是带着浅浅的微笑，犹如一缕柔和的阳光，照进琉璃的内里，照入生命的深处。

1993年琉璃工房的作品首次在北京故宫博物院展出，其间杨惠姗收到了一封信，她至今难忘。"那位朋友告诉我，第一次发现中国琉璃可以那么美，这句话我印象非常深刻。"当初投身琉璃，或许更多的是凭着一腔热情，但此时，她深刻地感受到，自己是在做一件多么美好的事，并且值得永远做下去。"作为一种艺术文化，琉璃应该呈现其最美好的部分。"

琉璃工房的员工都知道，杨惠姗的今生大愿是创作一尊5米高的琉璃佛像。但她说，这只是一个目标，从目前的条件看，未必能实现。她只想告诉自己，创作不应该有天花板，只有不断地追求更高的目标，才会有更多更好的作品问世。

艺术和文化不只是为了出人头地

杨惠姗坐在沙发上，侃侃而谈，恰似琉璃的"代言人"。张毅则静静地看着她，像是欣赏作品的"导演"，眼里是一贯的支持和鼓励。

现在，杨惠姗的创作逐渐转向了禅学，讲述生命无常。作为"导演"，张毅这样认为："佛家的价值观超越所有的现实关怀，而她有着多年的表演积累和生命体悟，这种结合恰到好处。"从选择琉璃开始，他们就在寻求慈悲与悲悯的表达方式。"琉璃不仅是一种材质、一种工艺，还是一种思想、一种情感、一种哲学。"

张毅所指的"情感"是用个人的有限力量"观照"大的历史脉络。听起来有点费解，但打从拍电影开始，他就在思索：关切文化的人可以做点什么？当回溯中国近现代史发现琉璃的创作几乎为零时，他兴奋不已，感到找到了文化的切入口。"文化是态度、价值观、信仰，只有文化才能带领民族走出新的可能。"

因此，他们将作品定名为琉璃，而非玻璃。"我们一直在想，能不能永远创造有益人心的作品，让艺术创作转化为改善社会的力量？"张毅坚

《春之舞》丹麦艾贝尔托夫博物馆收藏

持，创作的目的不只是为了出人头地，如果有可能，是不是可以把琉璃变成民族文化的语言。

张毅也创作琉璃，但作品深沉而厚重，背后像隐藏着一个中世纪的思想者。而他，说起话来，慢条斯理，张弛有度，对话者还没来得及提问，他已在不紧不慢中自圆其说。

如今，琉璃遍地开花，琉璃工房仍一枝独秀。张毅说，琉璃工房有今天，关键还在于创作过程中坚持的文化和理念。

当前未来让琉璃工房成为百年老字号

虽然有人会说杨惠姗因为琉璃赚了不少钱，但她并不认为自己是商人。虽然作品被各大博物馆收藏，她也不认为自己是艺术家。从始至终，她觉得一切都是因缘和合，甚至自己是为琉璃而生。张毅则坚信，是历史文化促成了今天的琉璃工房。

余秋雨为《杨惠姗、张毅与琉璃工房——今生相随》一书作序时写道：杨惠姗把荒落千年的时间补上了，把千年前的神韵和千年来的变迁一起融入了作品，用现代语言演绎了更大的仁爱、宽容和慈悲。

迄今，他们已有超过30件作品被多个博物馆收藏。值得一提的是，2007年世界最权威的玻璃博物馆之一美国康宁博物馆收藏了杨惠姗的《澄明之悟》，填补了该博物馆里中国当代琉璃作品的空白。

关于博物馆，还有一些故事。在工厂错落的华中路，琉璃工房低调而质朴，如博物馆一般。"当初，就想不应该只是一个工厂。"而在田子坊，别具一格的琉璃博物馆坚守在熙熙攘攘的街角。"让大家了解琉璃，也给历史一个交代。"张毅说,"中国琉璃文化应该传承下去。"

"希望琉璃工房成为世界琉璃艺术的交流中心。"他们的想法有些大胆,但不无依据。9月,意大利重要玻璃艺术代表里诺·塔里亚比特将在中国办展,此前,他们还办过多次国际琉璃艺术展。"但艺术并不是高高在上的创作,它应该是能够走入人心的存在。"在全美三大购物中心之一的南海岸广场,琉璃工房成为鼎泰丰之后的又一中国品牌。为了在此入驻,琉璃工房花了14年的时间,如此执着,只是为了告诉世界,中国琉璃从前不错,现在更好。

如今,杨惠珊已过花甲,但忙忙碌碌的她从未想过退休一事,反而进入了更纯粹的状态。她说,只要心愿意,就会一直做下去。张毅则默契地接过话茬:"对我们来说,创作是一生的事业。"

一杯茶，一本书，一下午

赵　韵　姚　尧　徐晓彤

前两日接到朋友电话，说想帮女儿买几本文学方面的读物，问我闵行附近有没有比较好的书店，她想带女儿去自己选几本书。

我还真没能回答上来。

细细想来，我大概有两三年没怎么看过纸质书了。自从有了kindle，

对孩子们来说，书是最好的伙伴

我逐渐沉迷于在亚马逊书城"搜索"的快捷。

不知道从什么时候开始，曾经几步路就能看到一个的书报亭好像越来越少了，家门口的便利店里的报纸杂志也渐渐被零食货架取代了。我有一个很好的朋友，是一个地地道道的侦探小说迷。几年前她生日的时候我曾送过她一个kindle作为生日礼物，她收到礼物的当天就下载了整套的阿加莎·克里斯汀，还说以后出差终于不用带那么重的大部头书在路上看了。但没过多久我们再见面的时候，我看到她又重新拿起了厚厚的原著，我问她为什么，她告诉我，电子书虽然方便，看书却总进不了状态，她还是喜欢翻页的沙沙声和纸张的厚重感，"大概是看习惯了吧！"她笑着说。

思及此，我便给她打了个电话，让她推荐几家常去的书店给我。没想到这下竟打开了她的话匣子，她兴致勃勃地介绍了好多家喜欢的书店：

被朋友鼓动着，竟也勾起了我对纸质书的怀念来。

涵芬楼：传承百年的书馆情怀

不知道有多少上海人听说过涵芬楼，但若你问问华东师范大学的学生，大多都能说出个道道来。原因无他，只是因为这家百年前曾盛极一时的书馆如今在华师大闵行校区重新开张了。

涵芬楼的创立可远溯到1904年。当时，戊戌维新人物、翰林出身的张元济主理商务印书馆的编务，在编辑工作中，苦于找不到好的善本，遂创设涵芬楼，取涵善本书香、知识芬芳之意。涵芬楼在上海设立，亦带着浓浓的海派情怀。书馆当时从收集善本古籍开始，渐渐地由于国外图书的大量涌入，又收集了许多日本欧美各国每年出版的新书。涵芬楼书籍之多曾一度超过北平图书馆，达到51万册而成为中国最大图书馆，可惜的是在1932年连同印刷厂、编译所、尚志小学，统统毁于日军炮火之下。

  如今重新开放的涵芬楼就设立在华师大闵行校区的本科生公寓区里，原来的孟宪承书院。整栋楼灰砖尖顶，墙面的线条设计感十足，远看就像一本本书陈列在书架上似的，在蓝天白云的映射下，有兼具古典与现代的美感。大门的匾额上写着"学生共享空间"，与别的大学图书馆需要刷学生卡才能进入不同，涵芬楼是面向大众开放的，内设咖啡吧，无论是学生还是住在附近的居民，都可以在涵芬楼里挑上一本喜欢的书，点一杯中意的咖啡，消磨一下午的时光。当然，喜欢的话也可以买回家慢慢看。

在这个科技飞速发展的时代，不变的是我们对知识的向往和追求

咖啡吧的小哥说，常来的有很多毕业多年的学长学姐，他们工作后仍住在学校周边，周末的时候也经常会回到母校打打球，散散步，或是在这里看看书，聊聊天。

城市书房：静倚书窗阅大千世界

我第一次注意到它，还是在深夜看完电影后。我的背后是喧闹的影院散场声，而它就在那个灯火阑珊的拐角处，静静地等待着访客，不温不燥。晚风吹过碧江生活广场，带来阵阵凉意，那道从窗户中透射而出的橘黄色灯光，却如同一道暖流滋润着我。

相对于广场上灯火璀璨的繁华，城市书房碧江馆显得宁静而不张扬

正式造访城市书房碧江馆,却已是数月之后。其实这里离我家并不远,不过十多分钟的步行路程。

相对于碧江生活广场灯火璀璨的繁华,城市书房显得宁静而不张扬。站在馆外,透过那扇落地玻璃门,可以清晰地看到里面三三两两的读者,在书架间、桌椅间,或坐或站,沉浸在书的世界中。

用身份证刷卡推门进去,第一眼便能体会到这里在装潢上的用心:深棕色的木质地板、线条状的黑色楼梯、简洁的桌椅和灯光……由法国知名设计师Thomas Austerveil量身打造的室内设计,简约中透露着时尚,功能齐备实用。雅致的布置、高品质的设施配置,一切的安排都是如此随和,不是为了哗众取宠,而是为了给市民提供一种居家书房般的阅读体验,为读者提供一片最舒适惬意的阅读空间。

城市书房的室内设计,在简约中透露着时尚

在这里，书才是主角。

在这里，随手取下一本感兴趣的书，就地翻阅；累了，也可以去宽敞处找一把椅子坐下再细细地品读。

读书人别无所求，只要一方无人打扰的宁静空间，便已心满意足，而城市书房所考虑的却比读书人自身更加细致入微：通过读者的自我管理和志愿者自治管理相结合的模式，借助门禁系统管理，让读者仅凭身份证或读者证进出城市书房，从而实现了24小时全天候的图书借阅服务；在闵行区政企合作模式的推手下，采用现代化、网络化、自助式的服务方式，推出了包括图书自助借还、阅览服务、自习服务和阅读推广服务等，为附近社区的居民创造了一片就近、高效、24小时的阅读空间。或许可以这么说，这是喧嚣都市中的一方净土和社区文化的驿站。

正是这样一片心意，"城市书房"在闵行的街头巷尾打造出了一片能让读书人肆意享受的空间。目前，除了这家碧江馆外，另有沧源、万科、凤凰、闵图一共5家城市书房建成，24小时全天候开放，令读书人的阅读空间与时间同步扩展之际，也让书香趁着深夜飘散到城市的每一个角落。

钟书阁闵行店：续谱对书籍的敬重

享有"上海最美书店"赞誉的钟书阁，将书香与美景扩展到了闵行。2016年初，钟书阁闵行店开业，这是钟书阁的第一家分店，再续谱写对书籍的敬重，对文化的珍视，对读者的亲近。

钟书阁闵行店坐落在沪闵路香樟时尚广场的三楼，从高架桥上经过，

"最美书店"钟书阁在老闵行开业

熟悉的钟书阁文字幕墙一如既往地迎向来往人潮。

进入内部,眼前是精致的黑色书墙和白色柔光下的陀螺书架。设计师介绍,陀螺代表一种平衡,在轮转中找到支点,看似静止的姿态其实包含很多含义,它接受每次鞭策,像是一个勤奋的芭蕾舞者在练习旋转中找到平衡的自我,借此意会书籍中知识的力量也是一种鞭策与激励。

在墙的一侧,隐藏着书殿空间,设计师在端头用镜子延展,创作出读书隧道的感受,让书的世界无尽延续——学习与阅读会伴随我们一路一生的光景,不管最后时光会停留在哪里。据介绍,钟书阁闵行店的书殿空间想表达如是理念:"书中的万花世界,万花筒中的大千繁花"。

钟书阁闵行店,是钟书阁的第一家分店,目前藏书有六万册之多,主要以社科、文学类为主，为传承原来老店特色与十几年老顾客的感情，专门设置了"店中店"，保留了教辅文具专区。

在这里看书，点杯咖啡或茶，坐上半天，也没有人催你。这里承载书籍的灵魂，用多维度的视觉、触觉、味觉，让读者感受那份来自书中的愉悦。它不仅想为读者提供去探索这世界美好的文字，更想创造一片书籍的净土。

敏读亭：高吟低唱悦心声

当我们有了充分的图书与空间来阅读时，是否有想过将我们的收获与他人分享呢？书籍是知识的载体，许多古人的智慧通过书籍代代相传。有了音频后，可以记录我们朗读的内容，是否有想过把自己喜欢的内容大声朗读给他人呢？现在这变为了现实。

当我走近位于闵行区图书馆一楼大厅的"敏读亭"时，已经有不少人在那里排队了，男女老少都有，每个人都虔诚地拿着书本、纸卷，想走进"敏读亭"诉说些什么。

随着《朗读者》《见字如面》等文化类综艺节目的热播，朗读，这一古老的阅读形式似乎突然间热腾起来。尽管节目已经结束，但影响却在发酵——立于街头的朗读亭、各种形式的朗诵会……从校园到企业，从线上到线下，朗读声此起彼伏。闵行，在这块"朗读地图"上，继"城市书房"后也正持续发声。

2018年的初春，闵行区推出了汇集朗读和歌唱功能一体的"敏读亭"。在这个外形类似"迷你KTV"的小小空间里，只要你戴上耳机，手

敏读亭正式入驻闵行区图书馆,邀请朗读者共赴一场声音的约会

持麦克风,便可以自己的方式赋予文字生命,再通过声音,与作者的思想进行连接。在这里,朗读是一件美好而私密的事情。

"呀,'敏读亭'?"一位穿着校服的小学生与我擦肩而过,他是被那条排队长龙吸引过去的,这两三平米的玻璃小房,对他而言具有极大的诱惑力。小孩子的世界总是充满好奇感的,玻璃门上"敏读亭"三个偌大的字眼,在他眼里或许意味着一段神秘惊喜的朗读之旅。

"要不要去朗读一段?"紧跟而来的母亲,似乎看出了孩子的心思,想给他一点鼓励。

那位小学生点了点头,毫不犹豫地拉着母亲加入到队伍中。刚站好位置,随即从书包里掏出语文书翻看了起来,似在寻找可以朗读的文章。

我排在了他们后面,大概半个小时之后,终于轮到了他们。在打开"敏读亭"的那一瞬间,一直被阻隔的两个世界忽然产生了共融,耳机、话筒、音响仿佛有着某种召唤力,试图唤醒你沉睡已久的表达欲望。

因为没有特别准备文章,那本原本用来做家庭作业的语文书,成了孩子临时的读稿。也许对于这个年龄段的他来说,很难讲究什么朗读技巧,但随着节奏的抑扬顿挫,无法抑制的情感好像也能说来就来,低头沉吟或是昂首高歌,隔着玻璃门都能感受到他对朗读的热爱。相比教室里的严肃氛围,在这里,他更加自由。

也许是因为这位小学生的朗读热情感染了我,在门外一直等待的我,竟也变得急不可耐,以至于他们一开门准备出来的时候,我已经半个人踏进了"敏读亭"。

朗读者在这片小小的空间里,以自己的方式赋予文字生命

用手机微信扫码登录后,再支付较低的公益性价格,便捷的操作程序只需一分钟就可以完成。除了自创作品,还可以自行选择已载入系统的诗词、美文、绕口令、成语故事等。排在点播排行榜最前面的是《水调歌头·明月几时有》,急于想要尝试的我随即就点了这首宋词。当自己的声音传送出来与空气融合,文字在那一刻便有了温度,那些悬而未达的思想似乎也有了回应。

这让我想起年少时,早读课上老师要求全班齐声朗读。那时候,我对"朗读"的理解也就止于"读出声"这一层意思,声音能扯多大就扯多大,尽管不知道书里讲的是什么意思,也不知道自己读起来到底有什么意义,但就是这种"盲目的呐喊"反而让我回味无穷。

其实,朗读又何必字正腔圆,朗读情感也不一定要特别酝酿。在这间玻璃房里,对一万个人来说,朗读或有一万种意义,"无目的""无意义"的朗读也不失为一种单纯的快乐,让人倍感珍惜。

目前,闵行区内的一所区级公共图书馆和十三所街镇图书馆是实现全民阅读的主体根骨。在此基础之上,还将在全区范围内陆续分批投放一百个"敏读亭",同时也会举办一系列线上线下的朗读比赛、访谈、调查、讲座等,试图利用现代传播手段和视听化的呈现形式,告诉我们:朗读,属于每一个人。

走进"敏读亭",关上门,与喧嚣隔绝,在一个安静的世界,用声音填满生活的空白。朗读,以它朴实干净的力量,让人们能以一种超然于现实的姿态去面对生活。

有方向，答案才会浮现

俞　慧

某个晚上逛曦潮书店，我看见郁程舒适地脱了鞋子，坐在二楼的地板上，半靠着松木书架捧着一卷书，整个身影笼罩在柔和的暖色光下，沉静而专注。而这样的状态，一度是郁程期待却不可得的怅望。

郁程是上海交通大学船建学院的博士，已在交大学习生活多年。对于书他有着某种难以割舍的情愫，但他发现曾经那些陪伴左右的书店竟然

手捧书卷，小憩其中在一片柔和的暖色光下，沉静而专注

都渐渐地人去楼空,终于连最后一家学人书店(以下简称"学人")也宣布关门。于是,郁程在交大饮水思源BBS上发起了一场关于"挽救校园书店"的讨论。而当时正在北京工作的赵忆嘉恰巧从同窗好友"球球"吴晓璟那里看到了转发来的这篇帖子。

郁程完全没有预想到这篇帖子直接或间接地改变了许多人的生活。

一篇帖子的"蝴蝶效应"

在采访赵忆嘉前,首先见到的是曦潮书店(以下简称"曦潮")的文创产品,一枚独具匠心、十分方便阅读者使用的别致书签。书签还申请了专利,设计者是曦潮书店的合伙人陈一帆,而专利权使用和保护则是赵忆嘉曾经的专业和职业。赵忆嘉是这家位于上海交通大学闵行校区内的书店的发起者。书店由她和另外两位交大毕业生一起合伙开办。

第一次约见赵忆嘉,她早上七点发微信,细致地敲定了见面时间,同时又留给我足够的缓冲余地,告诉我中午前她都在书店。

从莘庄出发,坐上轨道交通5号线,再转一部公交就到达了交大闵行校区。进了校园,问起曦潮书店,遇见的同学熟门熟路地给我指引。"曦潮"就在校园内华联生活中心的一角,窄窄的门面并不起眼。我到那里时,正巧见赵忆嘉在找书店的同事拿钥匙,她的钥匙昨晚交给了在书店看书过了点的同学。说这事时,她的表情就像把自己的钥匙交给了家里人一样。

如果不是一年多前看到郁程写的那篇《没有书店的大学》的帖子,赵忆嘉或许仍然在首都从事着她喜欢的专利行业,手机短信则时不时提醒又有一笔不菲的收入打入了她的账户。

"那篇帖子和我一直以来的认知，四年在交大的成长记忆、在北大的生活认知，以及后来在社会上的工作经历和思考一下子交集了，人生短短的几十年，为什么活着？"赵忆嘉给正在出差的老公打了一个电话，老公只反问了她一句话，"那不就是你要做的事情吗？"赵忆嘉一直纠结的难题在老公的反问中豁然开朗："之前从来没有以'意义'作为出发点去考虑过问题，书店是第一次。一个真正好的大学书店对一所大学的年轻人有多么重要，我很清楚做好它的意义所在。"

赵忆嘉是行动派，想清楚看明白的事从来就是说做就做，就像她大学毕业后却报考了一个和她专业完全无关的研究生一样。这一次，她也马

"曦潮"处处体现着书店的温暖和舒适

上行动。还有一个原因，也是形势催人紧——"学人"退出后，那个店面如果不马上签下来，华联中心就与其他人签约了。和郁程在长途电话里交谈了几个小时后，赵忆嘉便决定做一家校园书店的"老板"。第二天她从北京飞到上海，同已从学校辞职的吴晓璟和刚从法国学成归来的陈一帆聚首，一起酝酿开办"曦潮"。

"交大合伙人"的初心

翻开赵忆嘉的履历，就像大部分优等生那般，她义无反顾地成长为小伙伴生命中的"别人家的孩子"：2007年从上海交通大学化学工程与工艺系毕业，2010年获北京大学法律系硕士学位，之后任职国家知识产权局，二年后跳槽成为一名专利律师。那一段日子用赵忆嘉自己的话来说，就是飘在云端不食烟火。

在我见到赵忆嘉的时候，却丝毫没有找到她所说的云端生活的烙印。苍白、瘦削、说话轻声轻气，在说着曦潮的未来和理想的时候，坚定恬淡的神态中，还是微微可以感觉到一丝焦虑。对于现在的日子，赵忆嘉说，每天都要让自己深深地提起一口气去过。

2014年1月1日，赵忆嘉与华联签租约的时候，完全不知道如何开个书店。去哪里进书，书的折扣是多少，都一无所知。"可是能有多难呢？""年轻人有的是学习的精力和做事的热情。"她一口气买了三十多本关于如何运作书店的书，一边忙开业的事，一边自学补课。4月1日，公司注册成立。4月18日，曦潮书店开业，就在原来"学人"的位置上。赵忆嘉负责书店发展方向、架构，吴晓璟负责运营执行，而陈一帆负责文创产品的设计包装。

在"曦潮"并不大的空间内,陈一帆的设计处处体现出温暖和舒适,松木书架、麻质坐垫、柔和的暖色光、清晰的图书分类,以及小而精致的吧台,都是为了让爱书人在这里相遇、沉静。"曦潮"提供的就是一个"如晨曦般澄明、静醒的空间","并非是要去对抗看似浮躁的生活潮流,这本是我们所经历的时代,而是说,在这样潮流之中,是否可以保留一个灵魂驻足、思考和碰撞的空间?"这是赵忆嘉对"曦潮"的寄望。在赵忆嘉回上海准备创办"曦潮"期间,当初发帖组织讨论的郁程曾经几乎带着内疚拼命为"曦潮"做着各种琐碎事,甚至陪着赵忆嘉跑工地,为的也是这样的一个空间。

"曦潮"推出的第一本书是《大问题》,在以理工专业为主的大学推一本哲学书,赵忆嘉开始并没有把握。书是交大的大四生华夏同学推荐的,与其说是一本哲学书,不如说它清晰地介绍了哲学这门学科。书店团队和华夏一起做了一个大树丫,把哲学的分支脉络清晰地展现出来,向内指向萨特,向外正好指向波伏娃。来书店的读者看到这样形象的哲学书,都产生了浓厚兴趣,纷纷订购。当赵忆嘉准备去购书的时候,才发现这本书已经绝版,所有进货渠道都没有,多方联系,最后新华传媒的老师们感动于她们的执着,专门联系了出版商广西师范大学,从剩余的退书中找到了100本,书上架后就被一抢而空。

有意思的是,这本书的推荐者华夏本是材料专业的高才生,他的毕业论文还获得了优秀论文奖,可是他却喜欢哲学,一直纠结着未来的走向,在与曦潮合作完《大问题》的推荐后,也确定了自己的人生选择:去美国读哲学。

那段日子，赵忆嘉精力心力严重透支，从受人尊重收入丰厚的专业律师转变为一家小书店的老板，除了各种琐碎的忙碌，还有心理上的落差。那时老公一个寻常的问候电话都可以让她落泪。"也许是我们互相影响，华夏的选择为我打了'鸡血'。"

上海交通大学校长张杰在2014届本科毕业典礼上是这样评价曦潮的："曦潮"是一面镜子，映衬着百年交大的人文底蕴；"曦潮"是一颗火种，引燃了交大人的激情与梦想；"曦潮"更是一个磁场，凝结着交大人的人文力量。

做始终"open"的书店

"曦潮"的微信公众号中是这样阐释"曦潮"的：想象一个人，想象一片海。清晨，天色将明未明，面朝大海，遗世独立，是曦潮。曦者为圆，潮者为线。圆圈直线，对立统一，由此构成完整的世界。

赵忆嘉理想中的书店应该与社区融为一体，书店的面貌与社会是相互影响相互渗透的。店主与读者共同创造了书店，因此"曦潮"状态始终是"open"的。每一位读者都可以到这里推荐他（她）喜爱的书籍，开出书单，甚至可以在书店的展台作详细的推介。曦潮书店推出的一系列文化活动：曦潮映画、曦潮童汇、百川茶话……都在努力构建这样的状态——人与人相遇，思想与思想碰撞，心灵与心灵沟通。

然而现实却并不尽如人意：比如"曦潮"运营近一年，始终没有盈利；比如"曦潮"打造的书香生态系统的bug还没有找完，离正常运转还很远；比如为了支持书店的运营，三个合伙人曾经运用各自的专业赚了点钱，可是赚钱后发现所做的与曦潮的初心完全不符；甚至每一次在书店举办好各类文化活动后，要面对的各种情绪和垃圾。还有赵忆嘉对曦潮的员工——"叶子们"所要承担的责任、对与老公上海北京两地分居的内疚……"几个月前我会很慌张，特别想马上交一张满分答卷出来，现在也时常沉不住气，但已经好很多了：做文化，心要稳。我们做了就一定马上有成果吗？马上就盈利吗？马上就改变生活吗？一件一件地去做，只要朝着认准的方向走，答案会慢慢浮现。"

在赵忆嘉看来，无论实体书、电子书，还是文化活动、交流空间、阅读场所，包括他们正在做的虚拟与现实的交叠——书香生态系统，在本质上都是一致的，它们是一个空间，是实体的，也是心中的。在这个意义上，去年4月8日试营业的"曦潮"，和1918年创立的莎士比亚书店以及1953年成立的城市之光书店，并没有不同。

在"曦潮"的微信公众号上，我看到过交大的同学们在二楼木地板上席地而坐，睁着晶亮的眼睛听着教授们的演讲。然而"曦潮"还是不同于"莎士比亚"和"城市之光"的，未来的曦潮是这样的，一家实体书店、一条曦潮文创品牌街、一个联结现实与虚拟的书香生态系统……这一切构筑着赵忆嘉理想中的人文生活常态。

所以着什么急呢，精进勇猛是一回事，心态平稳可能是另外一回事。

如此高端美

钟 合

　　为调动社会力量参与闵行文创产业发展、多渠道打造一批文创产业宣传展示基地、多方式满足我区民众文化和精神需求，闵行区文广局自2014年开始启动区内文创企业定时定点向市民免费开放体验展示厅项目。目前共有四家文创企业体验展示厅向市民免费开放，包括首批开放的复旦

复旦上科多媒体展厅

上科多媒体技术体验展示厅和中国民族乐器陈列展示厅，以及新增的影视拍摄实景基地体验展示厅和葡萄酒博览馆。

自开放以来，四家展厅共接待参观人数约三万人次，吸引了社会各年龄层的人群前往参观体验。

这四家单位在认真做好开放接待的同时，也创造性的形成了自己的接待特色。

复旦上科　每隔一段时间就会对展厅进行改造升级，并且对展示内容不断更新补充。展厅还不定期与电台、电视台、各级学校等联动举办讲座、参观活动，以丰富市民生活。

民乐一厂　作为民族乐器制作技艺国家级非遗保护单位，企业开放生产制作车间，丰富了市民对民族乐器的体验感。对有特殊要求的参观

中国民族乐器陈列展示厅

诺恒影视拍摄实景基地体验展示厅

者，企业会为游客加盖"民族乐器陈列馆"印章，赠送《图说琵琶》、《弓弦南北》、《敦煌乐器系列使用手册》、民族音乐CD等器乐知识普及文本。

诺恒集团影视拍摄实景基地　在每周开放期间，特别将三楼厂商化妆间（独立化妆间除外）开放，为有需要的市民提供妆容服务，使市民能够拥有一次难忘的摄影体验。此外，展厅还积极响应区内各类文化活动：假期组织小学游览基地，让小学生感受实景基地文化的气息；与交通大学学生达成约定，定期可来基地实习体验参观；周边村民、摄影爱好者可自行前往参观，体验拍摄服务。

上海鑫广葡萄酒博览馆　在作为市民体验展示厅的同时，也是闵行区教育局合作的中学生社会实践基地。同时企业还与国内最权威葡萄酒教育机构合作，为更多的公司员工以及高校学生提供品酒课程，学习品酒礼仪，西方葡萄酒文化历史；与中法友好协会进行交流研究、进行上海交

上海鑫广葡萄酒博览馆

通大学EMBA总裁班品酒课程等。

  从上述展厅活动反馈情况来看，复旦上科不仅为父母与孩子的创造了更多的沟通交流机会，同时也培养了孩子对科技的兴趣，为激发科创学习的灵感。民乐一厂在注重经济发展的同时，积极承担推广传统文化、服务市民的社会责任，自愿将所拥有的文化积淀、生产资源向社会开放，为市民提供丰富的文化服务，不仅满足了老百姓精神文化多元化的需求，同时，也为市民提供了深入了解和接触中国民族器乐文化的良好机会，促进了中国传统文化的对外流传。诺恒集团的爱诺庄园从原本单一服务客流一下子变得更加多元化，相较于原先多为前来拍摄婚纱照片的新人，现在社区居民、青少年、低收入人群、老人、残疾人和外来务工人员等参观群体明显增加，市民在摄影的同时，也享受到了拍照带来的乐趣，用相机储存了美好的回忆。上海鑫广的葡萄酒博览馆则不仅加深了闵行区市民对葡萄酒酿造技术的了解，同时也引导市民拥有正确的葡萄酒品饮习惯，倡导健康生活方式。

可以说，市民文创体验展示厅的开放为对科技、乐器、摄影、品酒等有特殊需求的市民提供了了解渠道，并为我区的文化服务提供了更为立体、更加多层次的选择；同时也是对文化活动"民办官助"、调动社会力量参与文化建设的有益探索。

今后，闵行区向市民定时定点免费开放的文创企业体验展示厅将不断推陈出新，旨在为市民提供更多元优质的文化资源，努力提升城市文化软实力。促使文创企业更多地立足闵行，面向全市，从百姓视角出发，以市民需求为工作追求，强化服务意识，提高服务水平，竭尽所能把好事做好，把实事做实。

这些文创体验展示厅，如此高端美，怎不让人心动？还等什么，约吧。

新瓶装老酒

孙 艺

临时接到要去高诚集团采访的任务，心中未免有些忐忑。因为我对这家坐落于颥桥镇光华路文创街区的企业没什么了解，只知道它近几年在酒产业美学创意方面很有造诣，更有不少突破。但这种太概念性的东西听起来也并不直观，似乎有些玄乎，不甚明了。

当天晚上，正巧去逛超市，看到货架上摆放着的整整齐齐的酒瓶，不免多留意了两眼。突然意识到酒瓶子可能早已不仅仅是盛酒容器这么单一的概念，它"盛"载的还有文化和创意。

说得直白一点吧，高诚集团的基础其实就是酒瓶的创意设计智造。

如果高诚这个名字你还不是很熟悉，那么茅台酒，五粮液，以及它们那些造型各异的酒瓶，相信你一定不会陌生。

"在茅台酒展示中心，几乎80%的酒瓶子都是出自我们公司的设计。"高诚集团副总裁桑兆昌向记者说这番话时，透着自豪。

在不断试错过程中实现创意

一走进高诚集团，映入眼帘的是占据了一整面墙的陶艺，两层楼高的绿色植物，分布在了楼梯的两侧，而高诚的产品展列室就藏在了这之间。在这里，可以欣赏到高诚所有的产品。

高诚的产品展列室是一个充满惊叹与新奇的酒瓶世界

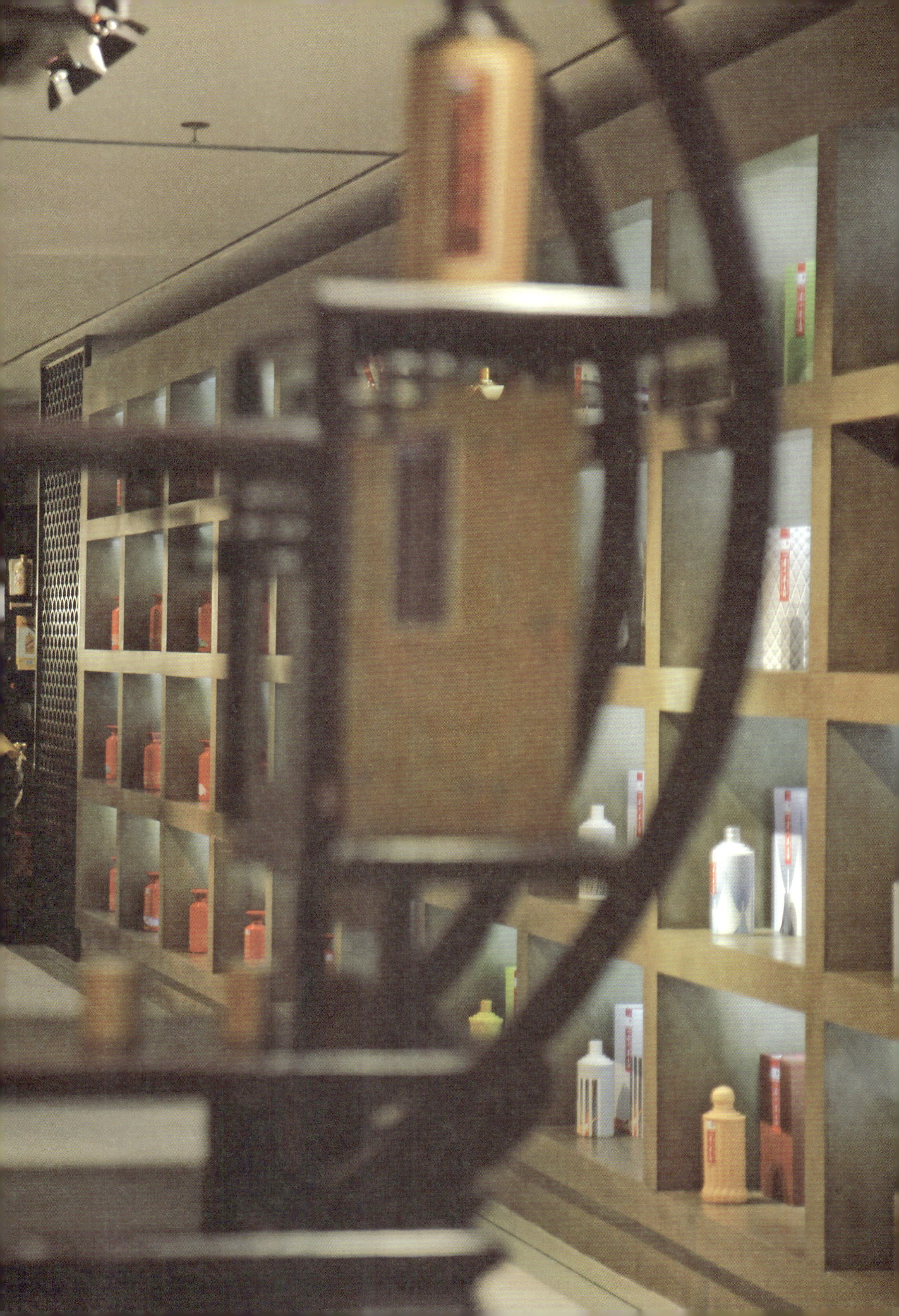

高诚最近给茅台酒厂做的设计之一——十二生肖文化酒系列猴年酒瓶。该酒瓶以土豪金色为基调，象征着高贵、尊荣，代表着至高无上的地位。以"丙申猴年"为干支纪平，由著名画家李燕先生绘制《大神州万户侯》画作，配以中国书法家雷珍民先生书法作品，书以"猴年喝猴酒，福禄连年有"的祝福。

这已经是高诚和茅台合作生肖系列酒瓶创意的第三个年头。当初产生利用生肖这个概念做产品包装创意，是受了生肖邮票的启发。生肖文化源于中国，已有两千年的历史。它是中华民族文化及民俗的重要组成部分。海外凡有华人、华裔生息的国家、地区，特别是东亚及东南亚，生肖文化的影响都很大。国人对于生肖题材有种特别的偏爱和亲切感，几乎可以在各种日常用品中找到那十二个小动物的身影，近年来在收藏界尤为火热。

经过反复的试验，调配，烧制，比较，茅台猴年酒瓶最终达到了预先的那个金色。当然这只是所有环节当中很基础的一环，要完成整个作品仍需经历数十个这样的步骤。而这，则是高诚承接过的众多项目中的一个。几乎每一件作品的诞生，这样的尝试都是必经之路。

"点子的产生往往是拍脑袋的瞬间，而创意的实现却是不断试错的过程"。的确，模糊的概念落到纸上成为一个完整的设计，设计图稿变成可实施的工程，工程制造出了实物，这样一个真实得近乎有些枯燥的过程，或许才是创意行业的真实样貌。

梦想照进现实，并不只有灵光一现，还需要千锤百炼。

传统文化激发出创意灵感

"用质朴的产品,还原清雅的传统文化。"这是高诚创制的清涟系列产品的宣传语。在展列室内那些精美炫目得宛若工艺品的酒瓶子之间,清涟系列就好似一股"清流",低调的几乎让人忘了它的存在。在外表上,没有过多的颜色,没有巧夺天工的造型,还原到了陶瓷制品最原始的样貌。而其所起的名字,更是独具匠心,每款酒瓶的名字都来源于一句古诗——"日出江花红胜火,春来江水绿如蓝"之春水;"东边日出西边雨,道是无晴却有晴"之有晴;还有"沉沙""青弦""寂香""墨菡""出彤"等,这些均曾是文人墨客笔下的诗词。

清涟系列的灵感源头是汉文化,有别于少数民族奔放大胆、热情直接的文化传统,汉文化表达方式含蓄内敛,尊崇的儒家文化,是中国最具特色的民族文化之精髓。而黄酒则是世界上最古老的酒类之一,源于中国,且唯中国有之,两者源远流长,博大精深。儒家内涵讲究中庸之道,主张清淡无为,宣扬仁、义、礼、智、信等人伦道德;黄酒生性温和、风格雅致,酒文化古朴厚重,传承人间真善之美、忠孝之德。细细体味,儒家文化与黄酒可谓一脉相承,有着异曲同工之妙。

一旦确立了主旨思想,后面的思路就顺畅通透多了。瓶体设计者参考了汉服的制作艺术,以简洁端庄,颜色素雅为基调,充分考虑其实用性,去除了繁复的造型,线条柔和顺畅。甚至不仅在外在上,设计团队还思考着用什么更深层次的理念可以灌输到这个小小的瓶子中。恰巧团队中有位同事业余时间正在研究诸子百家,他提到了"敬天惜物,取法自然"这个儒学思想。含义是天生万物以养人,这是大自然对人的恩赐,只有恒以敬天惜物的虔敬之心,对待生命中的每一件物品,才能达到求其至真、臻于至美、止于至善的境界。这不就是时下最热门的环保理念么?设计团队立马将其融入清涟系列的创作。为了拒绝过度包装,发掘产品包材的二次利用,设计者们又动足了脑筋。如今,成品的清涟系列空酒瓶还可作为花瓶与清雅的茶桌摆件,外箱更可以充作家庭用品收纳箱。为了达到完美,设计者从细节上将它做到具有实际的操作性,比如酒瓶上的标签使用了特制环保易除胶水,沾水之后轻轻一抹就可去除等。

可能有人认为创意就是新生事物,那些从来没有的东西,一定是高科技的产物,是古老的反义词。但是高诚所做的这些探索和实践却恰恰说明了传统文化同样可以激发出最优秀的创意,复古在今天也成了流行的一部分。

超越客户的期望

2009年,高诚接到了茅台酒厂为庆祝中华人民共和国成立60周年定制珍藏文化酒,而需设计一款纪念酒包装的任务。

立项后,集团创意中心迅速成立了茅台项目小组,结合茅台的"国酒"特性及"纪念新中国60周年华诞"的特殊背景,出了很多大气磅礴的设计,但终因为整个创作背景太过庞大,可选素材太多,很难兼顾到产品的唯一性,屡次自我否决,最终高诚决定把"国"字设定为整个产品创意核心,创造性地融合"国酒、国瓷、国锦、国石"于一体,从而打造出一款珍贵的收藏级艺术珍品——"开国盛世"。

本着"超越客户期望"的理念,在项目后期的评审复核环节,高诚组织策划、设计、供应、生产部门等专业团队,分别从创意设计前瞻性,选材安全合规性以及生产品质等方面全方位严格把关。在创作过程中,常常自问"哪里还可以做得更好"。尤其在评审会议中,就如何加强产品收藏价值,将完成升级为完美,高层领导展开了热烈的头脑风暴。创作团队中有人提出,既然已经有了国酒、国瓷、国锦、国石,而这几者都体现在了外形的设计中,是否还可以从文化意识角度来完善这个作品呢?对,报纸!和新中国共同成长起来的《人民日报》!评审团队经过商议最终决定再加入"国报、国票",就此,"国酒、国瓷、国锦、国石、国报、国票"齐聚一体,全球限量发行21916樽,以此铭记新中国60年21916个繁荣富强的日子,每一天的日期都是一樽酒的唯一编号。对应每樽酒的编号,配送当天的《人民日报》原件一份。同时,配以中国邮政于2009年10月1日发行的新中国建国60周年纪念邮票一套。无论是酒的编号、寿山石的编号、《人民日报》的日期以及邮票的编号,所有的号码都完美统一,共同把中国几千年来的优秀文化完美诠释于这樽殿堂级传世珍品。

高诚用短短数日之间完成了一个几乎不可能的任务,这在很大程度上得益于它有别于传统设计公司的运营模式。高诚在企业业务形态上的创新上花了很大功夫,打造出了一条产业链,实现一条龙服务。只是出图纸,而不负责实物制造的时代在高诚已成为过去式。依托强大的组织架构以及专业化的设备、技术、材料储备,高诚集团构建了完善的陶瓷和印刷包装两大产业链,从前端的策划、设计、研发,到7×24全天候快速打样,到可定制的柔性生产,能够快速满足客户需求、超越客户期望。

当记者采访结束走出高诚集团的时候,已是傍晚时分,马路上已经开始了晚高峰的大堵车。所谓创意真不是人们想象中那么轻巧和一帆风顺,也常常会遇到堵车。或许是没有灵感,或许是技术上的困难,或许是根本找不到途径来表达,让创新之路走得异常艰难。而高诚的新瓶装老酒,却绝对不是换汤不换药,而是一种革新,一种从意识形态的转变。

不是吗,高诚由产业"制造"到"智造",经过数年艰辛求索,探索出了一条以跨界创意与科技创新为双核驱动的发展道路,坚持"用心为、由心造"的企业价值观,正发展成为具有国际水准的创意创新平台,为生活消费类企业提供全品牌链服务的"智造机构"。

正如高诚集团总裁蔡世山先生所说的那样"真正让创意生活美学无处不在、无处不为……"

"霹雳"来袭

查珺燕

在位于七宝的明谷科技园,霹雳集团展厅里各式各样的精美人偶让人大开眼界:活灵活现的玻璃眼睛,五只手指皆能自由抓握的塑胶活手,还配有可动关节人形……

这些人偶都是台湾著名的霹雳布袋戏里的角色,它们在操偶师的指挥下,成为电视剧里当仁不让的男女一号。

霹雳(中国)首席执行官梁建勋自豪地表示,"霹雳"布袋戏有着3849个角色,817个场景,10万平方米的专业摄影棚,每周播放两集,历时27年半从未间断,至今已制作播出将近三千集剧集,这在同类业者间几乎没有竞争对手。

2015年11月,中国台湾霹雳国际多媒体集团下属两家公司——名偶(上海)文化传播有限公司和大霹雳(上海)多媒体科技有限公司落户闵行,将风靡台湾百年的布袋戏引入上海。这两家公司将以霹雳布袋戏为基础,针对内地市场推出电影、游戏、电视剧、漫画书等一系列文化创意产品。

在短短半年间,"霹雳"发展速度惊人,与爱奇艺视频播放网站合作推出的剧集,由两年前网络下载的五六万点播人次到近期在爱奇艺及各大视频网站周周跟播点击已超过700万。目前,"霹雳"正在改编剧本物色当红演员,以真人演绎为电影派布袋戏的切入点,让更多的内地观众了解

电影级水准的精美人偶堪称是"霹雳"布袋戏保持长盛不衰的"法宝"

"霹雳"的故事。

四代演绎，传承百年布袋戏

"霹雳"到底是什么？

很多人对布袋戏可能还不熟悉，但在两千三百多万人口的台湾，它竟然拥有两百多万的粉丝基础，受众几乎占了全台湾人口的十分之一。这么说来，有着百余年历史的布袋戏真可谓源远流长。两年前，"霹雳"进军大陆市场，将原本的闽南话配音改为普通话，并以合拍电视剧电影的形式，在大陆地区迅速传播开来。目前"圈粉"高达两百多万。

布袋戏又称布袋木偶戏、手操傀儡戏、掌中戏等，始于17世纪，是一种通过操控布偶并配上口白为表演形式的汉族地方戏剧剧种。2006年经国务院批准列入第一批国家级非物质文化遗产名录。清中期时由福建传入台湾，百余年来已成为台湾传统文化的艺术经典，其中最出名的霹雳布袋戏因每出剧名皆有"霹雳"二字而得称。

霹雳集团的布袋戏传承百年布袋戏世家精神，台湾云林黄家从第一代黄马的"锦春园"开始，到第二代黄海岱创立的"五洲园"，直至第三代黄骏雄，他一跃成为电视布袋戏的创始人，如今第四代的黄强华、黄文择兄弟，更是创造出了电影派布袋戏。从手工舞台到小银屏，再到大银幕，俨然一部台湾布袋戏发展史。

霹雳布袋戏之所以在台湾广受欢迎、历久弥新，一部分原因在于其坚持原创精神，坚持剧本是所有创作的核心；另一部分原因，更在于黄氏兄弟不断求新求变以及创意的演出模式。

20世纪90年代，作为台湾布袋戏世家的黄家两兄弟携手创建了霹雳布袋戏，以崭新观念加入数字科技拍摄手法，创造出前所未有的奇幻布袋戏影音新境界。

自2010年起，霹雳投入3D立体影片制作，领先推出3D立体木偶戏电影，让布袋戏艺术与顶尖影音科技完美融合。2015年出品的3D布袋戏电影《奇人密码：古罗布之谜》，展现了跌宕起伏的武侠世界，似真似幻的梦幻空间，刚上映便吸引了新一代的年轻观众。截至目前，霹雳系列已播出近三千集，透过网络媒介，亚洲的霹雳戏迷正以惊人的速度迅速扩张。

据了解，霹雳集团在台湾云林县虎尾镇拥有占地数千坪的片厂，是全球最大的布袋戏全制作中心。霹雳集团名列台湾百大品牌之中，是台湾首家文创影视产业上市公司，一条龙式布袋戏专业生产线涵盖了从剧本、造型、口白、配乐、操偶、拍摄、后期制作等一系列创作流程，目前已达到每年平均8000分钟偶动画节目产能。

2015年4月，闵行区政府主要领导赴台湾考察确定引进该项目后，区政府各相关职能部门积极对接，营造良好环境，帮助霹雳集团顺利落户闵行。区相关领导表示，引进霹雳布袋戏落户闵行，增强了全区对重点文化企业的吸引力和区域拉动力，更延伸了文化创意产业链。

永远在变，方能做强做大

梁建勋表示：光讲"忠孝节义"的故事太传统太老套，可能已经没人理会，现在流行的是"各种背叛、各种虐"，我们利用霹雳善于编写剧情的优势，通过双主线、旁线、辅线齐头并进，通过价值观的批判，比如说"坏人要保留善念，好人却堕落了"等叙述形式留下悬念，保留了原著精神和核心价值观，但努力避免八股化脸谱化。霹雳有许许多多的经典剧本，我们要做的就是从中作选择，进行剧情的浓缩和角色的雕琢。

为什么芭比娃娃、史努比这么受人欢迎，能做到永不褪色？因为他们一直在变。所以，霹雳的目标也是持续地在演，不断地在变，求变求新，方能和别人永远不一样，方能做强做大。从初时最传统的野台戏开始，不断衍生变化，直至今日出现在ipad、iphone上的网络连续剧，再到电影大屏幕，霹雳正是这样做的。

"十年以后，霹雳要告诉大家，我已是有37年资历底蕴的大IP了。"

梁建勋手捧人偶，自豪之情溢于言表

梁建勋说。

梁建勋认为这几年是古装奇幻大年，这个市场基本上是两到三年一变，大剧以古装为主，角色够多够复杂，比如《芈月传》《琅琊榜》《花千骨》等等，所以霹雳将会牢牢抓住这个发展机遇扩大优势。

虽然霹雳有近三千集剧集，但每一个单元、每一个系列都能独立成章又相互呼应，原本剧情延伸自金光布袋戏云州大儒侠，如今已完全跳出原有架构，权谋斗智、人性刻画等方面逐渐成为表现重点，而天马行空的时空设定、故事叙述更是形成了霹雳的一大特色。

因此，霹雳的电影改编时都会非常讲究，哪怕是从来都没有看过霹雳剧目的人，都可以一下子看懂。与此同时，霹雳的刻偶师和操偶师也在进行着转变，原本的技艺如今都可以通过现代技术形式来表现，但仍然会保留传统手艺。

梁建勋表示：2014年的观影人口有一个亿，霹雳的目标是通过"影+游+漫"的横向商业模式，以奇幻武侠为接入点，加入丰富的大陆元素，以求吸引观众，当然也不苛求做大众市场。区别于台湾市场大多是六零后、七零后的受众，大陆市场的粉丝年龄分布很平均，六零后到零零后的都有，所以不需要定位。霹雳的目标是用最快的方式吸引到600万粉丝，两年间培养一帮铁杆的霹雳戏迷，只要牢牢抓住600万的铁粉，基本就可以拉动6000万人来看电视剧和电影。

对此，霹雳信心满满。

未来，霹雳制作的90分钟电影之后的5分钟彩蛋中，或许会出现布袋戏的制作工艺，布袋戏文化传承的内容，区别于商业行为，文化传承是另外一块重要的项目，"传达出的信息是只有我们霹雳仍在坚持做。"考虑到在台湾演出的布袋戏多为闽南语，引入上海后会以普通话、地方方言等进行演出，以增强其本地化和传播力。

未来五年，霹雳除了以电影与游戏为两大驱动引擎作为创新发展基础，还将联动电视剧、网络剧、漫画书、电子书、周边商业授权业务、舞台剧、音乐剧及商演，乃至打造主题园区（乐园）。

把闵行区建成具有高品位现代化

从旭日升，到夜幕降

李超伦

看着那张ATP1000网球大师赛的门票，又听说要去现场采访，内心不免有点激动。在这之前我已去过好几次马桥，也体会过那里悠久的历史与丰富的文化，而这次可以有机会亲临大师赛现场，感受马桥的另一面——那个集绿色、活力、体育为一体的小城镇，自然兴奋不已。

吸引全世界目光的大赛

自2009年起，在马桥旗忠举行的ATP大师赛改为ATP1000赛事后，马桥体育板块便因网球变得火热。我

旗忠网球中心的大师赛吸引着全世界的目光

去的那一天，恰巧是大师赛在旗忠网球中心进行的第5日，激烈的比赛吸引了全世界的目光。

在前往场馆的路上，我有幸搭乘了一位球迷司机的出租车，他表示，比赛开始后，他每天都会往返地铁站和网球中心好几次，"很多乘客都想看费德勒和纳达尔的比赛，但是门票却不好找"。

在网球中心门口，虽然不乏倒卖门票的黄牛上前与观众谈判的情景，但问及总决赛门票时，他们却频频摇头，称"就算出双倍的价格也没票"。而当打开赛事官方网站时，首页也显示了从周五到周日门票已售罄的提示。若是选择在门口排队买票，每人也只能限购一张。

从江西赶来的何先生告诉记者，他就是因为买不到双休日的门票，只好请假坐动车来观赛。其实与何先生情况相似的观众并不在少数，他们从全国各地来到旗忠网球中心，只为能近距离接触自己的偶像。何先生还说："我来过上海好几次，但这的确是我第一次到马桥。"当我告诉他，马桥镇现在正致力于打造活力新城镇时，他也颇有感触地说道："能举办网球大师赛这种世界级比赛的小镇一定不简单。"

在通过一系列安检进入了网球中心，正对入口的一块大型展板上标注着当天所有的比赛的信息，包括参赛选手、所在球场以及比赛时间。不少观众纷纷拿起相机进行拍摄，而在另一侧的服务台，志愿者们也正为大家分发着当天的观赛手册。

我去的那一天空中正好飘着小雨，之前还一度担心是否会影响到比赛。幸好服务台LED屏上的信息给我吃了一颗定心丸，当天只取消了外场比赛，而中央球场的四场重量级赛事依旧如期举行。

看了看时间，距离下午一点开赛还早，那就先随处看看吧。旗忠网球中心要比外面看上去大得多,这里除了有顶棚为"白玉兰花瓣"造型的中央球馆,还有6000座的副馆及休闲发展区,以及十八片室外比赛场地交相掩映在绿树丛中。

走过五号小球场,许多人正坐在场边望着空空的场地。我不禁有点好奇,不是说外场的比赛都取消了么?问了几位观众,原来他们是为了等球星来这练习。可场地湿滑,真的会有球星来?与大学室友组团而来的陈可可兴奋地告诉我:"我们也不知道,但万一他们就出现了呢?昨天有一位女生被迪米的回球打到了,然后迪米还给了她一个拥抱表示歉意呢。"

难怪场边女性观众占了一大半!

旗忠网球中心的大师赛吸引着全世界网球爱好者的目光

令人驻足的不止网球

我对追星倒不是特别感兴趣，看了两眼后，便向其他区域逛去。

一群穿着校服的学生引起了我的注意，通过校徽上的英文我认出他们来自上海哈罗国际——一所只招收外籍学生的学校。我与他们交流后得知，哈罗国际学校今天组织了初中部前来参观，虽然只有短短的一个上午，并且无法观看到比赛，但是旗忠网球中心依旧有许多特色让他们流连忘返。

比如走进位于中央赛场旁的"航之魅"闵行非遗展馆，近三十艘中外历史名船模型映入眼帘，其中包括郑和宝船、北宋汴河船、世界各国著名古船等。这些作品绝大多数都出自闵行工匠杨生美之手。一位瑞典球迷连声说："船模做得非常棒。我在斯德哥尔摩见过这样的真船。人们在1961年把它打捞出来并复原，然后在博物馆展出。"

除了"航之魅"微型古船营造技艺展示，今年闵行区还在旗忠网球中心的中央赛场里精心设计布置了三处主题展台，着重宣传闵行的旅游文化资源。在古色古香的颛桥主题展台，民间艺人们现场展示民俗技艺颛桥剪纸和传统糖画，栩栩如生的作品吸引了不少球迷驻足欣赏；还有被繁花与绿树包围着的浦江郊野公园展台，木头人造型与绿化小景相映成趣，向大家展示郊野公园的旅游新亮点；最特别的还要数以紫藤花为点缀的马桥文化展台，通过陶器文物的图片和画册，向所有人诉说着马桥作为上海之本的故事，其实早在5000年前，这里就肩负起推动历史进程的责任，并具有无可替代的历史文化价值。

在循环播放马桥宣传片的屏幕前，不少球迷驻足观赏。虽然很多人对马桥这座小镇并不是特别了解,但通过扫码答题活动,以及翻阅四周摆放的杂志画册,他们也渐渐知道,原来曾经远近闻名的华中第一村正诞生于脚下的这片土地。

要说这几天在马桥展位出现最多次的人,除去工作人员以外,肯定就是刘先生了。刘先生来自广东,买了套票专门赶来观看大师赛,在比赛期间,每天都会来马桥展位逛一逛。"我现在知道了马桥有豆腐干、有安缦酒店,还知道了这边是韩湘子的故乡。"他介绍说,"这边的几本杂志我全部看完了,对马桥有了很深的了解,有时间要尝尝豆腐干,也要逛逛马桥的几个景点。"

眨眼之间雨就越下越大,我赶忙走进"品牌天地"场馆避雨。却不曾想这里琳琅满目的球衣、球拍、海报让我看花了眼。而隔壁就是除比赛

2002年开工建设的旗忠网球场在建工地

场馆外人气最火的"美食天地"。

毕竟民以食为天，到哪里都要关心一下有啥好吃好喝的。哈根达斯、新元素、希尔顿和棒约翰等国际美食品牌为观众提供了种类丰富的中外美食。而作为平日咖啡不离手的上班族，在开赛前去星巴克点上一杯卡布基诺也是一个不错的主意。如果想在傍晚时分嗨一嗨，则不妨在喜力舞台附近听听音乐喝喝小酒，和朋友爱人在一起感受网球带来的快乐。

在旗忠网球中心有看有吃，有玩有逛，真是不亦乐乎。

一起尖叫，一起狂欢

吃饱喝足后，也就离下午第一场开赛时间不远了。我十分庆幸旗忠网球中心最主要的中央场馆配备了可闭合屋顶，因此无论刮风下雨都不会干扰到比赛进程。要知道天气一直都是网球比赛中最大的一项不确定因素。历史上，美网和温网等国际网球比赛遇雨延赛情况屡见不鲜。

坐在我旁边的是一对小情侣，身为资深网球迷的他们，还热情地向我科普道："根据ATP大师赛规定，如果不下雨就一定要打开顶棚，这时候中央球馆的白玉兰屋顶依然能起到遮挡周边日照的作用，设计非常巧妙。"

即使天气不好，前来观赛的网球爱好者依旧如浪潮涌，毕竟今晚两场纳达尔、费德勒的比赛是重头戏，绝大多数球迷都是为他们而来。

现场的球迷大多分为三类。一类是绝对的内行，他们会在每次得分后对选手的表现作出评论。"费德勒反手真的更胜从前，他的反手终于从弱点变成了得分利器。""西班牙人的武器就来自他的强力上旋球。""迪米的心理素质真的强，赛点连追五分逆转。"……

第二类便是第一次来旗忠网球中心的观众，他们不一定具备网球专业知识，也不一定对每位球员了如指掌，但绝对是赛场氛围最忠实的追随者。他们从来不会缺席每一次的欢呼与掌声，当然手中肯定也少不了披萨与啤酒。似乎对于这类观众来说，这里更像是与朋友欢聚的派对。

随着音乐的动感节奏，看着自己的偶像出现在眼前。尖叫与呐喊将赛场的气氛瞬间点爆。没错，最后一类就是这群狂热的粉丝们，他们甚至能报出自己偶像的星座、爱吃的食物或者各种生活八卦。

在大卫·戈芬与西蒙的比赛开赛前，有三位学生球迷坐到了我的背后。从他们手中展开的比利时国旗，我能确定这几位肯定是小鲜肉戈芬的

每年10月在旗忠网球中心举办的上海ATP1000大师赛是一大体育盛事

粉丝。果然开赛没多久，他们便试图用整齐划一的口号引起选手的注意"Let's go, let's go, David, let's go."

呼喊声在宽敞的球馆中不断回响，许多球迷都纷纷回过头去寻找声音的来源。虽然不知道这些慷慨激昂的加油声有没有给予戈芬力量，但是在比赛间隙，场边大屏幕终于出现了这一幕，还给了一个大大的特写。站在最中间的一位女生害羞地说："早知道就先补个妆了！"

晚上十点半，最后一场激烈的比赛在愉快的气氛中落下帷幕，纳达尔与费德勒均不负众望顺利晋级。走出中央球馆，雨后秋风瑟瑟，却依然抵挡不住球迷们的热情。

马桥没有地铁，交通不便一直都是大家赛后最为担心的地方，但今年这一切早就在相关部门的考虑范围之中。走出赛场，马路边便停靠着五六辆直达地铁颛桥站、莘庄站的临时公交车，此外还有一辆从旗忠网球中心到上海体育馆的联邦快递专线，让球迷观众直呼"回家再也不是难题了"。

对于球迷来说，这一天充实而又刺激，还有什么比在最高规格的赛事现场待上一整天，从训练看到比赛，从白天看到深夜更幸福的事呢？

链 接

旗忠网球中心

上海旗忠体育城网球中心位于上海市西南部的闵行区马桥镇，网球中心用地面积约为508亩,基地总建筑面积为85438平方米。基地容积率为0.187,建筑密度15.1%,绿化率46.1%,停车位993个。中央赛场建筑面积30649平方米,地上四层,建筑物高度约40米,顶棚为钢结构,开启方式仿佛上海市市花白玉兰的开花过程,为世界首创。

中央赛场除设一般观众席外,还设有贵宾席、记者席(约240个,其中60个席位有工作台),残疾人席位20—30席。主赛场另设有空中包厢26个,转播室20余间,高4米、宽10米的大屏幕两块,其他诸如贵宾室、运动员休息室、会议室、更衣室、餐厅、信息处理中心、新闻发布厅等各类辅助用房若干。除了能举办世界最高级别的网球比赛外,这一场馆还可用于篮球、排球、乒乓球、体操等比赛,是一座具有世界一流水准的多功能比赛场馆。2号馆可以容纳5000人观赛距离中央赛场500米,通过冠军大道和中央赛场连接,3号馆则紧邻中央赛场。

网球ATP1000级赛事上海站即"上海ATP1000大师赛"自2009年起在这座场馆举办。

第三部分

脚步，在目不暇接中流连

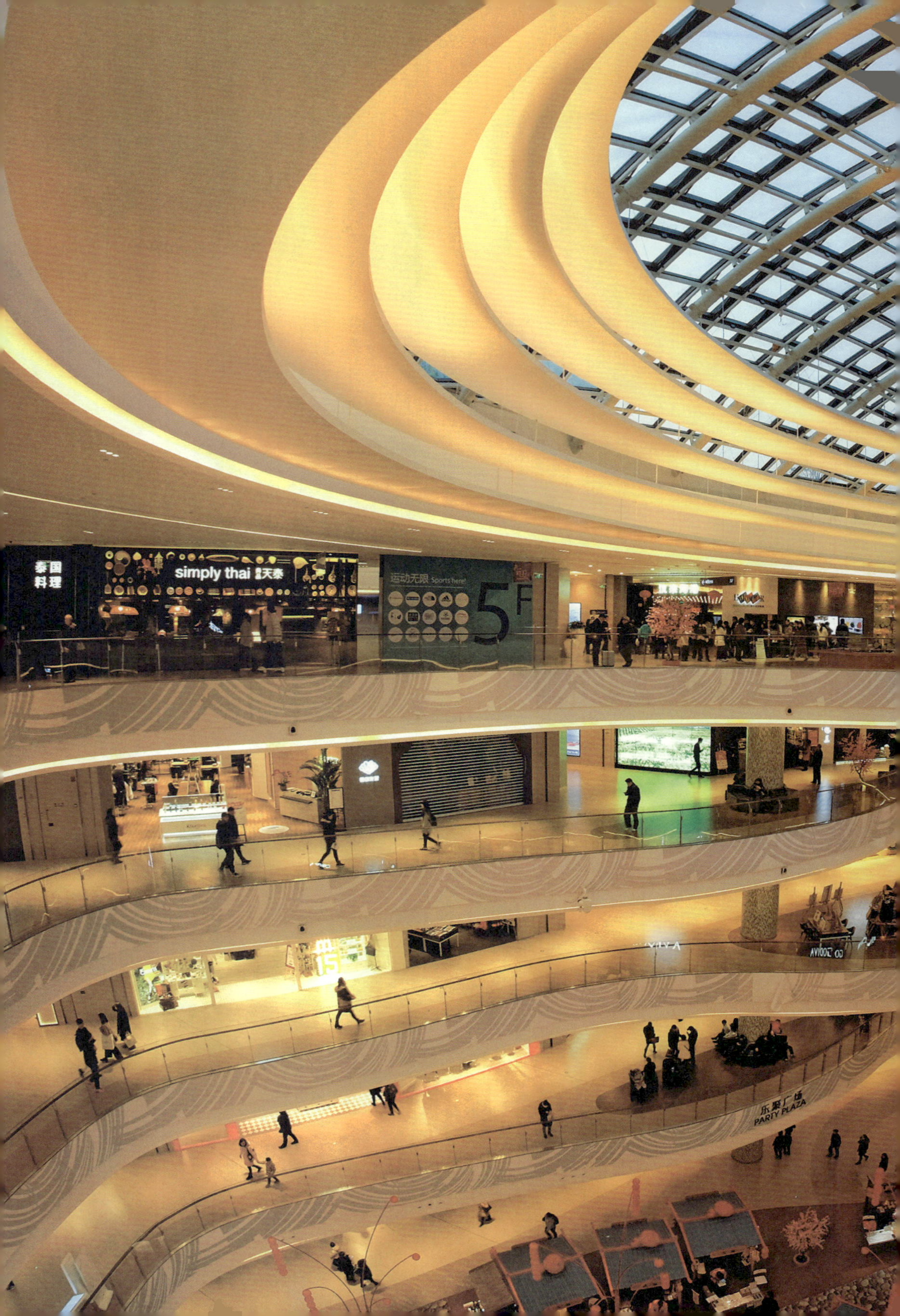
泰国
料理
simply thai
天泰
运动无限 Sports here!
5F
乐聚广场
PARTY PLAZA

从"去上海"到"来闵行"

崔松鸽　袁　炜　徐静冉　林　言

2016年11月，坐落于七宝老街旁的七宝万科广场迎来盛大开业。七宝万科的大热让我们再一次看到了闵行商贸综合体发展的潜力和热度。

近年来上海实体商业渐渐开始出现分化：一方面，中心城区的太平洋百货淮海店谢幕，玛莎百货退出，曲阳路上的上海商务中心关门……另一方面，以闵行为代表的近郊新生代商业综合体崛起，开一家火一家。睿意德中国商业研究中心显示，2016年上海开业的29个商业项目，一半以上位于外环外且市场表现良好，客流最

七宝万科广场的开业将闵行商业推向高潮

高的15个人气购物中心中1/3位于城市远郊。而闵行，俨然成了最火热的购物中心聚集地。

逛街再不用去徐家汇

虹桥天地、仲盛、龙之梦热度不减，宝龙城、七宝万科广场、新华联购物中心人潮涌动，怡丰城、万象城、城开中心、颛桥万达广场或即将开业或施工如火如荼，还有位于莘庄地铁站、巨大体量的天空之城"天荟"在建……

新兴商业综合体将大量的消费资源引入进来，粗略估计，一个闵行人至少80%的日常消费可在闵行境内解决。而此前，闵行人日常消费主要还靠"去上海"——1992年上海县与老闵行区合并成立新的闵行区时，商品经济不发达，主要商业模式是老闵行的"一号路"（江川路）、莘庄的海星商场等，20世纪90年代中期闵行区逐渐成为人口导入区后，就是看电影、吃饭、买衣服这样的

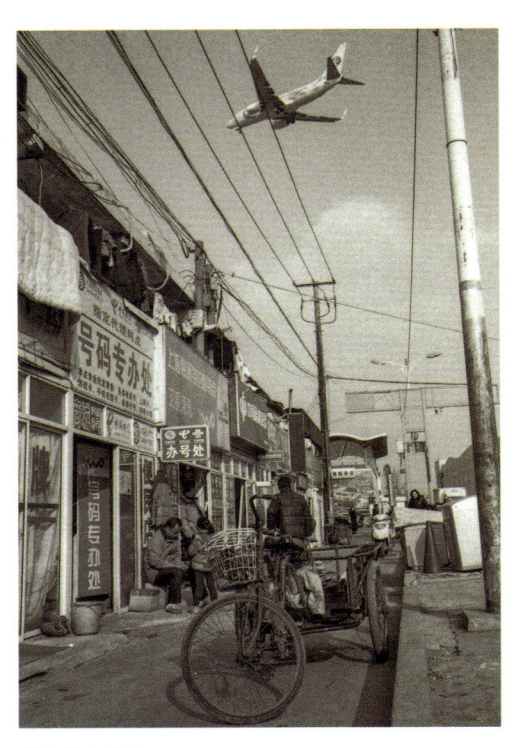

曾经的七莘路

小事，闵行人也要去徐家汇，人民广场和淮海路。

"去上海"是当时七宝、莘庄、梅陇、颛桥、老闵行、吴泾一带去市中心购物的叫法。当时的徐家汇一带，在20世纪90年代起的十几年间，梅陇莘庄颛桥老闵行居民沿沪闵路向东北，七宝居民由漕宝路往东，吴泾居民从龙吴路朝北，虹桥居民顺着吴中路一路向前，汇集到徐家汇商圈……那时的徐家汇不仅是徐汇区的政治经济中心，也是闵行区的外部经济中心。

直到南方商城和七宝巴黎春天落成，闵行居民才缩短了中高档的消费半径。2009年莘庄仲盛世界商城开业，2011年闵行凯德龙之梦及梅陇的莲花国际广场、新虹的虹桥天地、颛桥的龙盛国际商业广场开业后，闵行居民去中心城区消费的比例进一步下降。

更大体量的天荟、万象城还在建造中，怡丰城、颛桥万达等也蓄势待发，不仅让闵行本地居民减少了去中心城区消费的意愿，还将松江、奉贤、金山、青浦的部分客流截留在了闵行境内，形成明显的"反磁力"效应。

你方唱罢我登场的闵行区商业并非盲目地一窝蜂增长，现在如雨后春笋般的发展，恰恰是在还历史上闵行本地消费供给不足、就业机会不足、服务设施薄弱的欠账，也算是供给侧的改革。这些新生代商业综合体及早年开业的仲盛、龙之梦、南方商城等有自己的定位，也会用自己独特的特性慢慢培养人气服务受众。它们的入驻必将给闵行的现代服务业注入新的活力，改变"卧城"现状，这些火爆的商业综合体也将成为生态宜居主城区的澎湃新动力。

在爱琴海购物公园沉醉

就在2017年末,闵行又有一座大型商场正式开门营业,打开大众点评,全区人气榜单位列第二,一时间很多人的朋友圈都被这座名叫"上海爱琴海购物公园"的商场刷了屏,不禁令人想起希腊半岛东部的那片蓝色海洋。

红星美凯龙的总部在上海,上海爱琴海购物公园将打造成爱琴海商业的旗舰店,这是爱琴海将文化体验融入商业的一次大胆创新与实践。正如爱琴海自身的定位一样,它是一个集文化、情感、生态、摩登的商业

漫步爱琴海,肆意享受假日休闲

在这里经常会有一种"生活之中,日常之外"的惊喜

中心。

在这里,商业空间不纯粹是吃饭、购物,也可作为人们的社交需求与情感载体,不少消费者在体验过后都会忍不住"哇哦"地赞叹一声。

与传统购物中心不同,爱琴海的建筑规划"使用率"并不高,在爱琴海的中心地带,还设置了一个名为"上海之眼"的购物街区,自下向上仰视,它就像是巨大的蘑菇伞,但若是能从空中俯瞰,就会发现它与其他的建筑相辅相成,为一个有机整体。待到夜晚时分,"上海之眼"会发出不断变化的七彩光,美轮美奂。

此外,无论是室外精致的水景喷泉,还是室内设置的各类艺术雕像、灯光艺术装置都时尚得很。特色鲜明的建筑设计、最新技术加持的外观立面效果、先进的水景装置、多远的场景设置以及超丰富的艺术元素，也让爱琴海也被冠上了"拍照圣地"的名号。漫步此间，仿佛是在度假。

如果你用心观察的话，你还会看到两个不起眼的"小屋子"，几个黄色的镜框，外加暖色调的帘子，乍一看还以为一楼大厅设置了一个试衣间。可倘若你真的走了进去可能会吓一跳，这个试衣间里会出现好多好多个自己，你的手还能穿过"镜子"！其实这是爱琴海与北京尤伦斯当代艺术中心（UCCA）利用光的折射原理，结合现场环境而打造的互动城市公共空间"镜像"，意为向更多人展现当代艺术。

而这样的创意设计，在爱琴海还有很多，不经意间就能发现小惊喜，甚至商铺间也玩起了创意，有铁笼一般的餐厅，也有于密室逃脱、桌游、CS、酒吧一体的主题娱乐馆，甚至还能在商铺门口发现只有特定方向才能看到的结合了最近火热网络词汇的"66666"灯光装置牌，颇有趣味性。

在爱琴海还有一间"光的空间新华书店"，由被世人称作"清水混凝土诗人"的国际建筑大师安藤忠雄合亲自设计。这位大师最擅长的就是赋予建筑作品文艺、清雅的气质，尤其是巨大的藏书墙更是完全颠覆了人们以往对书店的概念。光的空间分为内外馆，一脚踏进这里，映入眼帘的就是高低不平的原木色书架。过道是柔柔的光，书架中间是方形的镂空设计，上演了一出人与人、人与书的邂逅。不知道在一个恰当的气氛下，是否有人会因为不经意的擦肩、回眸，而上演一出缠绵悱恻的故事。

"若是我家楼下也有这样的书店，我愿意天天来读书。"我听到一个女生小声地感叹道，我会心一笑，心想谁不是呢？

2018年年初，上海下了一场雪。这让上海人民兴奋坏了，堆雪人、拍雪景、利用车窗的积雪画画，玩得是不亦乐乎，就连我这个见惯了冰雪的北方人也是兴奋不已。毕竟是南方的雪，纵使再不舍，它仍是无情地消失了。

但是在爱琴海7楼，一家名叫智旅冰雪乐园的店帮闵行人民把雪留住了，占地约三千平方米的冰雪娱乐设施可以让人们在这里尽情地感受冰雪，再也不用羡慕北方的小伙伴啦。这里的店员透露说，因为很多南方人没有见过这种景象，所以很多父母都选择带着孩子来体验。刚开业时，还因为人太多，许多顾客排不上队，只能遗憾地走了。

一对年轻的夫妻正带着年仅三岁的宝宝玩雪道滑梯，他们说自己家在七宝镇，这次是特意开车过来的。上海在一月下的那场雪，让他们的宝宝开心坏了，一直捧着爷爷堆的小雪人不撒手，结果小雪人化了，他哭得可伤心了。小宝宝应该是知道我们在讨论他，还虎头虎脑地点头说："宝宝哭哭"。一时间把我们都逗笑了。

确实，作为商场，爱琴海已经率先跨越了第一步。在这里逛一圈，经常会有让你感觉到沉醉，一街一色、一步一景，可选择的范围很多。之前，有朋友过来玩，我都会推荐他们可以去市中心的几家大型商场、主题店铺走一走，而今后，我决定对他们说"逛街？来闵行啊！"

老闵行，风景这边独好

没有为什么，老闵行碧江生活广场似乎是在一夜之间火的。

而就在去年夏天的时候，至少有三位朋友向我提到过这里。

一个是我中小学时期的同学，他说他在这里投资了上百万元，办了

新建的生活广场，集卖场、超市、电影院、精品酒店、餐饮、文化娱乐为一体

一个桌球俱乐部，规模在本地数一数二；一个是常年为我所在单位做旅游服务的导游，他加盟了某品牌泡芙店，利用业余时间经营，过一把"老板瘾"；还有一个并不住在老闵行的朋友，她觉得碧江广场投资潜力大，也想在此开店，因情况不熟悉，故而找我这个"老土地"咨询，提供些参考意见。

几个月后，同学的桌球俱乐部正式开张，我应邀前往，顺路去看了看泡芙店。小小的店面前排了一长溜的队伍，老板胖乎乎的圆脸上盛满笑意，正忙不迭地把一只只新鲜出炉的泡芙递送给顾客。生意好得出奇，让我有些眼热。他颇有经营头脑，常常把自家的泡芙发在朋友圈里，引来一片点赞。

这个占地面积超过五万平方米的生活广场，集卖场、超市、电影院、精品酒店、餐饮、文化娱乐等为一体，虽然有着数百个车位，但我那天

改造前,这里的老厂房百废待兴

开车来时,在整个广场内足足兜了两圈,竟找不到一个车位,都满满当当的。而临近鹤庆路的正大门口,一群附近社区的阿姨们正盛装艳抹表演着节目,观众们里三圈外三圈,人头攒动,气氛热烈。

这里诞生了老闵行地区第一家院线影院——保利影院;引进了第一家星巴克;还有据说是老闵行地区规模最大设施最为齐全的健身会所,这让那些热爱运动的人们有了一个好去处。

其实,对大多数老闵行人来说,这里并不陌生。数年前,这里还曾经是家中等规模的合资企业,主要生产金属切割、砂磨、建筑类的电动工具。注册商标"龙牌",在行业中曾一度赫赫有名。后因发展需要,原企业搬离了此地，经有关主管部门和地方政府协商，为推动地方经济发展，在不破坏原有规划的基础上，经过几年努力，把这里的旧厂房加以改造，一举建成了老闵行地区最大的聚商贸、生活、娱乐、休闲为一体的"碧江广场"。

这个地方，我来过几次后，便越加喜欢起来。每逢周末只要有空，便会来此逛上一圈。不买什么，只是走走。看场地上孩子们玩耍奔跑时的笑脸；看兴致勃勃满载而归的人们；看进出影院时那一对对洋溢着幸福的情侣……想独自静静的时候，便去那家叫塞纳左岸的咖啡馆坐坐，一壶茶一支烟，不看报不读书，看窗外喧嚣，让孤独缠绕，让思想静止。这难道不也是一种幸福吗？

我喜欢这里，是因为这里给周边数万居民带来了生活的便利，提供了更多的文化娱乐享受；我喜欢这里，是因为这里空间广阔，一幢幢楼宇不像城市里那些商贸大厦那样逼仄，走进去见不到天；我喜欢这里，是因为这里有我的朋友在创业，为自己的梦想孜孜以求；我喜欢这里，是因为我家住在这里附近。

多年需求井喷式爆发

开一家火一家且呈"扩张之势"，火爆背后除了区位交通优越、租金比中心城区相对较低，最重要的恐怕是弥补历史欠账、前期调研扎实、注重体验主题、截留郊区消费。

闵行常住人口20世纪90年代中期五十余万，二十年间激增两百万，古美、七宝、莘庄、梅陇、虹桥、浦江、马桥等均是居住用地先于商业用地开发，早年商业供给长期不足。随着诸多产学研机构、世界500强企业入驻，以及交大、华东师大等诸多高校的引进，国家级经济技术开发区、紫竹高新区、虹桥商务区等的完善与启动，产业能级不断精进，相应导入与吸引的常住人口消费能力不断提升。徐家汇淮海路的消费"外溢化"转为消费"本土化"，供给侧的中高端商业逐渐完善，算是弥补历史欠账后的合理回归。

扎根闵行的这些商业综合体不乏国内外知名财团、开发商，这些综合体一般选址较好，外部交通便利，内部动线合理，并预留未来业态调整余地，大型卖场、电影院等目的性消费场景是标配，餐饮娱乐业态占重要比例，其理念不仅仅是"买东西的地方"，而是"一家老小能玩一天的主题公园，顺便可以购物消费"。

开发晚，有更多时间做前期调研，后发优势逐渐体现。近年闵行新开的商业体基本上属于新生代城市商业综合体，它们注重体验，主题突出。除了购物，在这些商场内，可以品尝美食、聚会聊天、看电影、唱K、运动、看书，可以学习、发呆、参观、探索，甚至什么也不做就被寄存着……一家老小都能找到合适的地方消遣，不必担心风吹日晒，在里面呆上半天一天也不会觉得闷。

这些综合体客源不限于闵行本地，虹桥天地、新华联购物中心的客源，不少来自青浦及往来虹桥枢纽的外省游客，七宝万科和宝龙城的客流，9号线、沪松线沿线的松江客流占一定比例；莘庄龙之梦的客源除了莘庄本地居民，松江东北部莘闵地区、新桥镇也是主要客源方向，莘庄仲盛很大部分客源来自奉贤、金山，西渡南桥石化都有；南方商城莲花国际的客源中，因是几条莲X线的起讫点，莲X线途经的金山朱泾、枫泾、

新兴商业综合体中餐饮娱乐业态占重要比例

石化、亭林，松江南部的叶榭等区域的客源所占比重也不低。

  这些综合体大部分自北向南沿七莘路—沪闵路—新镇路—水清路—都市路一线形成互补共享的"商圈之链"，依托公交换乘之便或外环外沪C通行无限制的便利，相较于中心城区商圈，发挥了独有优势，截留了相当部分的远郊消费人群。

南部也将有大型商业体

  自北向南形成的"商圈之链"极大地满足了本地周边地区居民的消费需求，但细数之下可发现它们均居于闵行中北部，南片居民翘首以盼的大型购物中心迟迟未能出现。老闵行目前只有一家碧江生活广场，来自江川路街道的吴先生也开玩笑地说，"啥时候能盼来老闵行的春天啊？"

马桥的宋小姐也对闵行南部大型商业体寥寥无几表示不服，"可能商家都觉得马桥的发展比较落后，其实现在随着马桥大居建设的推进，大批年轻的马桥人也有很强的消费能力和空间，也需要有中高档的大型商业体入驻来满足本地居民的生活需求。"

其实龙湖集团的两个签约已经预示着闵行南部商业综合体将集中诞生。

作为国内最早的购物中心开发商之一，龙湖2016年8月以5.2亿元总价竞得马桥镇某地块，再以25亿元总价竞得颛桥镇某地块，相关负责人称，未来两三年内龙湖将在颛桥和马桥分别建造一个大型商业综合体和社区型商业综合体，颛桥龙湖确定为"天街"，马桥商业体则规划为社区型购物中心。两个项目建成后，将服务周边社区、交大华东师大师生及紫竹科学园区产业将近六十万人口。

龙湖方表示，"颛桥周边高校、产业园、大型居住区等资源齐全，但三公里内仅有欧尚、碧江，第三座天街的入驻或有助于填补区域大型商业空白，马桥万科公园大道、绿城玫瑰园、保利雅苑、绿地璀璨天城等高端居住区缺乏的也是满足生活需求的就近的大型商业体。"

颛桥地块紧邻沪闵路和剑川路，地上地下建筑面积33万方，其中天街地上8.2万平方米，地下1.2万平方米，主要是家庭型生活配套体验式消费。"商业产品开发的3.0版，人性化设计，国内一线设计资源"，项目负责人称，颛桥龙湖遵循精细化和高品质设计，通过分析流量设计港湾式停车；还将引进生态绿带，20%的绿化率使商业中庭和室外景观相呼应，

2000个停车位。预计2019年底开业。

马桥地块位于马桥大居，属大紫竹科技创新功能区的核心居住片区，地上地下共约15万平方米，70%为商业用地。通过扶梯、垂梯等实现良好的街区互动，有精品超市、儿童教育两个项目建成后，带来的不仅是商业购物的体验，还将弥补周边配套基础设施的不足，颛桥龙湖将建成公共文化设施、社区教育设施、公共体育设施、社区服务设施"4个5000平方米"；借助剑川路站上盖，开通5条公交枢纽，辐射覆盖周边人群，马桥龙湖也涵盖其中，社区、紫竹高新区、两所高校等周边人群能顺利便捷到达。

不仅如此，未来闵行南部还将有不少商业综合体进驻，距颛桥龙湖6公里的颛桥万达，体量约10万方，预计2018年底开业；4.5公里外的吴泾宝龙体量约4万方，预计最早2018年中开业，商业集群效应除了助力区域发展，带给周边居民的是丰富的商业体验和生活空间。

从"老外街"到"阿拉城"

挤进老外街

当老外街还叫虹梅路休闲街的时候,那些初来乍到者,如果无人领路,往往要花费一番找寻的力气。因为按常理,虹梅路休闲街自然该是虹梅路的一段,可这条旧铁路改造成的休闲街偏偏位于虹梅路与虹许路之间,呈东西走向。所以2010年时,虹梅路休闲街被正式更名为"老外街101",不过是正本清源,叫起来虽俗却也朗朗上口,好记。

来到老外街的第一眼,犹如走进了餐饮"联合国"

虽说是街,这里宽不过二十米,更像旧时的弄堂。一到傍晚,老外街的虹梅路入口外,上下客的出租车、商务车、私家车挤成一团,形成交通"堵点",仿佛是此地人气旺盛的最佳证明。如果是第一次来老外街,琳琅满目的店招、菜单会让人瞬间患上"选择恐惧症",肯定得从头逛到

意不在酒，而在于一种感觉

尾，再从尾逛到头，这才定得下自己的"心头好"。

细心数一下，这条五百米长的街上共有32家店。不是餐馆，就是酒吧，却"一店一格"，旗帜鲜明地打出意大利菜、日本菜、泰国菜、印度菜、伊朗菜、墨西哥菜、希腊菜等十来个国家的菜系，犹如走进了餐饮"联合国"。间杂其中的几家中餐馆，也像国外"唐人街"的风光，做起潮州菜、上海菜、徽菜和新疆菜，各有侧重。

味道好不好则如人饮水，很难把一个人、一张嘴的感受定为公论。但你和热情的老板多聊聊，便不难发觉他们在菜品上的十足用心。这里的泰国餐厅为烧出纯正的冬阴功，所有原材料都从泰国空运过来；意大利餐厅为让洋葱汁中的糖分充分挥发，翻炒洋葱两个小时以上；德国餐厅买来正宗德国香肠、啤酒的配方，又根据上海的湿度，不断微调，为的就是让人感觉到和在德国本土吃到的一模一样……

食物真是一种很奇妙的东西。当人们不再只为果腹，不再简单地用重油、重味处理食材，而是尊重菜品背后的地域文化，用心对待每一件食材本来的味道，美食便成了文化。《舌尖上的中国》之所以如此火爆，不过是通过电视传媒，把这种文化放大、聚焦。

老外街的美食还有一层思乡的向度。想象一下，当你飞行了几千公里，却在异乡的小馆子里吃到了浓油赤酱的本帮菜，不用说，外婆的手艺、家乡的味道猛然间会涌上心头。也难怪老外街的外籍客人忠诚度很高，餐馆于他们而言颇有些同乡会的性质，伴随美食的是一种淡淡的

老外街上的异国风情

老外街，原是101火车专线铁路中的一段，如今这列火车的等比模型静静地停在这里

乡愁。

等你对老外街更熟悉一些，便会察觉除了异域美食的魅力之外，闲适才是这边真正的精神内核，并不宽阔的街面确实像旧时的弄堂——伊朗餐厅的老板站在街上指挥店面装修的进度，物业经理正在和酒吧老板不紧不慢地聊着当晚的演出安排，意大利餐厅的大厨为了老客人的点单，向邻居墨西哥餐厅借了些菠菜。这种镜头感实在是太强了。

"老外街"最吸引人的地方，要数其开放式的餐馆环境。每一个店家很用心地将自家的店堂和露天座椅装饰得漂亮而有个性：史拉子伊朗餐厅的座椅类似榻榻米，露天的沙发可供客人躺着抽水烟；J&J酒吧门口摆放着木质高脚凳，游客可以在此享用百余种酒和饮料，还可以在整个休闲街最新的九球台上一展身手；体育主题的酒吧则主打宽屏液晶彩电的招牌，每逢有体育赛事的夜晚，这里热闹得"炸开了锅"；三度艺术酒吧以艺术命名，内部独特的酒瓶装饰与艺术品摆放非常与众不同。看起来"喳喳呼呼"的休闲街，却在细节处体现精致，细心的你可以在草丛中发现一口"微缩"水井，一抬头还得为悬空在二楼窗台上的自行车"捏把汗"。

在老外街，你能清楚地感受到，这里每家店都充满人的温度。我们太熟悉进驻大型购物中心、商业街的连锁餐饮店，不管高档还是快餐，它们提供的只是现代商业的刻板模板。我们几乎忘了那些"前现代"的、有着手工质感和家庭氛围小餐馆，就像忘了小时候每条弄堂口都有一家百事通的"烟纸店"。

探访的过程中，老板的热情、食物的美味、顾客的愉悦、氛围的融洽有些出乎我们预料，似乎每个来此消费的客人都会被街上的气氛所融化，变得快乐而友善。这也让我们解开了心中的一个疑团：为什么人人都爱老外街？哪怕是初次邂逅。

也因为有人的温度，老外街慢慢成了社区中心，让单纯的消费文化让位于多元的休闲文化。它把互不相识的人聚集在一起，把外国人、本地居民、市区白领容纳进同一个空间，大家相互挨着，吃饭、喝酒、聊天。这种偶然的、公开的、随性的接触消弭了可能存在的隔阂，往大了说，建立起的是尊重、信任和社区共同体的意识。

在我们眼里，老外街已不只是一条运作成功、经营得当的休闲街。它还标示着人性化尺度的社区商业系统、城市快速发展中的重要公共空间、国外休闲文化的嫁接与移植等复合语态。

走马观花老外街，这是一条人人都爱的老外街，可也不仅仅是一条老

老外街夜色迷离,灯光璀璨

外街。它的背后是一种趋势,在上一轮城市发展中什么都讲究"大"——大社区、大超市、大型购物中心;与之相比,老外街所代表的"小"——小街巷、小餐厅、小酒吧及由其引领的多样性的社区(《美国大城市的死和生》所言的多样性),更像一种回归。

人人都爱老外街,谁说不是呢?

(文/齐含章)

阿拉去逛阿拉城

2018年的夏日,坐落于闵行虹桥地区的又一个商业中心——阿拉城揭开了神秘的面纱。走进这座"城",很多人会深深地被这里韵味别致的老上海风情所吸引。

很少有人知道,阿拉城的投资者就是著名的老外街运营团队。

挑了一个天气晴好的白天,我来到了这里。从龙柏新村地铁站3号口出来后,就是先锋街了,远远地便能望见阿拉城高耸的塔尖。阿拉是上海方言"我的""我们的"之意。走近阿拉城,就能欣赏到独特的上海ARTDECO建筑风格,特别是独步沪上7.8米首层挑高加上大量的绿植布置,让人能够在舒享开阔的视野之余,更能得到心灵的放松和愉悦。在阿拉城西侧有一条小路,原是一条乡间小道,为内部隔离道。阿拉城建立起

阿拉城整体效果图

来后,干脆被命名为"阿拉街"。

阿拉城的地块属于虹桥镇先锋村。多年以前这里是大片的农田,长期种植蔬菜。20世纪80年代,借着地利优势,虹桥镇大办企业、发展商业,直到1990年后,镇属十个村逐步成了"三无村":无农田、无农民、无农宅,越来越城市化。近些年,吴中路周边逐渐形成了以"万象城""爱琴海"等为主体的现代商业圈,而原先这里曾兴旺一时的各类工业园区则逐渐退出了历史舞台。

五年前,本土著名商业品牌上海老外街的管理层决定投资建设阿拉城。为了避免同周边"销品贸"同质化,决定首先从建筑风格做到有差

阿拉城建造前这里原先是工业园区

异、有特色，设计方案六易其稿。直到2015年10月，阿拉城正式破土动工。经过近三年时间，才呈现出了今日的阿拉城，成为老外街旗下又一街区式体验型品牌。

在营造"上海本土文化的归属感""异国情调的新鲜感"和"生态交互的自然感"理念的影响下，阿拉城的设计者一直都在思考如何做到同周边现有商业城的差异化。他们挖掘了人们对上海的印象，并加以提炼后融进阿拉城，让每个人在这里都能找到心目中熟悉的上海的影子。正是因为不放过一丝上海的经典元素，才有了现在阿拉城独特的建筑语言。在这里，无论是建筑还是道路，无论是背景音乐还是不起眼的一个细节，汇集上海经典元素，融合新老上海的风情，交互中外风俗文化，让人既可沉醉于"克勒"（colour）精髓，亦能体悟"经典"（classical）内涵。

穿过先锋街与阿拉街的交汇处，就来到了阿拉城入口的大广场。正前方是块巨型露天屏幕，左侧是荷风细雨本帮菜餐厅，以茶文化为主题，婉约大气。右侧几幢小楼，清一色的清水红砖外墙，尽显优雅、经典和古朴。每一幢楼只有两三层左右的高度，但二楼都有一个延伸出来的阳台，未来这里将放置许多垂吊植物，打造具有小资情调的花式阳台。行走在其间，还可以近距离触摸到近代上海的石库门、弄堂等建筑元素。

进入中庭，7.8米首层挑高的玻璃屋顶悬挂着以各国国旗为背景的小旗子，阳光透过玻璃洒向地面，光影斑驳。正上方是一块和广场外同步的屏幕，可上下移动，这使得举办大型活动时各个角落都能有机会参与互动。和屏幕相匹配的是源自英国的顶级音响设备，给人们带来完美的视听享受。地板铺就了八百多平方米、八种颜色勾勒的水磨石地板，这在上海并不多见。待进入两侧的内部区域时，又变成了黑白拼接的马赛克地板，穿着鞋子走在上面仍然可以感觉到其纹路与鞋底的轻微摩擦。

如果想进一步体会"阿拉味道",就不可错过每一个角落。阿拉城的西北角是接待区,超大的彩绘玻璃墙面配有"阿拉城OUR CITY"设计元素的总标志,线条构造清晰而优美,ARTDECO的建筑风格若隐若现。往上一层是高颜值的"阿拉美食荟",提供蒸菜、面食、老鸭粉丝汤等各地美食,步入其间,仿佛令人置身民国时期的上海老街。红色砖墙中镶嵌着两大块彩绘玻璃,还有穿着各色花样旗袍的上海女人画面,精致而优雅。她们或手持团扇,或细细品茶,或端坐读书,或手弹琵琶,或听着留声机里动听的曲调,尽显上海女人的风韵与味道。

在几幢小洋房中,引入了一大波具有各国特色的商铺,主要是酒吧和夜店,沿袭着老外街的风情,却又更加细致、异韵荟萃,呈现出"异国情调的新鲜感"。Home Field是一家以转播体育赛事为主题的美式运动酒吧和餐厅,重金属感的工业装修风格,房间一角还摆放着一辆1∶1比例复制的炫酷跑车模型。还有许多专注儿童创造力与动手能力培养的区域,如Learning Learders专注于英语辩论、公共演讲及逻辑思辨能力。当我走近这里时,只见一位七八岁的小女孩在用英语演讲,声音铿锵有力,浑身散发出自信的气场。

如果想要体会慢生活,这里有许多放松身心和养生保健的地方。"山屿海幸福里"是一家日式生活方式集合店,闲暇之余可以在这里喝喝茶,做做按摩、瑜伽和美容,躺在温热床上洗去一天的疲惫。推开门就能看到窗外超大的露天阳台,好像一不小心闯入了私家花园。踩在一颗颗细碎的鹅卵石上,来一场足部的放松之旅,静静地享受这须臾慢时光。如果喜欢泰式按摩,还可以到隔壁的苏蓝SPA中享受泰式古法按摩,寻求心灵的平

2018年夏天，第三届阿尔达米拉上海吉他艺术节期间，国际吉他大师献演阿拉城

静,释放身体的能量。

  阿拉城涵盖了餐饮、娱乐、教育、休闲等多种业态。在这里,可以体验到具有各国民族魅力的传统节日,欣赏多姿多彩的表演,还可以参与散发多国文化艺术气息的主题活动周,欣赏世界文化艺术展、摄影展、书画展、小型音乐会等一系列的演出展览。未来的阿拉城,将继续坚持这种包容共济的理念,努力营造24小时营业的丰富生活:开辟"二手交易市场""宠物领养市场""古钱币交易市场"等早市,晚间则有酒吧、夜店和阿拉观光夜市及配套的生活服务,打造成富有上海特色的夜市。

  身体感觉疲劳的时候,不妨在石库门中点一杯咖啡,在阳台上发呆,就那么坐上两三个小时,看着来来往往的人群和街道的车水马龙,享受不可多得的惬意与安宁。

(文/李步青)

让自己重活20岁

柯梦芸

  樱花纯洁浪漫，桃花粉如胭脂，梅花傲然立雪，水仙清新淡雅……你赏过多种花貌，闻过许多花香，但，不知你对那毫不起眼的油菜花有什么感觉？

  先别捂嘴偷笑，这一次，可以划着皮划艇去瞧瞧。

  2016年3月26日，在苏州阳澄湖莲花岛的"美人腿"上演了一场油菜花的新的打开方式：户外运动爱好者们划着十条皮划艇绕着平静的湖水慢慢前行，无论是连片的农田，还是湖塘旁、蟹池边，甚至是屋前宅后……坐在皮划艇里将那金黄的、荡漾着清香的油菜美景尽收眼底。

  这是新虹桥皮划艇俱乐部在开春时节组织的一个0—1级难度的春游活动。在悠悠的湖面上，和新老朋友们划着桨谈笑风生，随行的家属或亲友团则在岸上游览，听风赏景，再惬意不过了。

  这家皮划艇俱乐部目前是市区内唯一的一家皮划艇场所，毗邻虹桥商业区，于2014年6月起试运营，有着五六公里的闭合性河道，由专业退役运动员带队教学。河道上进行最多的就是以休闲为主的亲子活动，每到一处都是一道亮丽的运动风景。

  "皮划艇"起源于兽皮船，后逐渐演变形成独木舟。第一支皮划艇就是以独木舟为蓝图仿制而成。19世纪末，皮划艇运动已成为欧美各国广泛开展的一项体育活动。后来，法国人设计出Sit on Top平台舟系列皮划

玩皮划艇的人大概都知道，船首劈水的声音最动听

艇，把危险系数和翻船系数降到了最低，甚至连那些不会游泳的人也可以放心使用，从8岁到80岁的业余爱好者都能够轻松上手。正如俱乐部负责人之一的黄彦所说，皮划艇不是激流回旋，也不是赛艇，而是一种休闲放松的娱乐活动。就连三岁小孩同样可以玩得嗨。

将桨伸入水中，轻轻拨动湖水，又自然地向后划去，不经意间的船首劈水的清脆声，最是动听。这是休闲的平桨划法；而直桨，是比赛的状态。快速而又干练地划水，船头没入水中又腾空跃出一声爆裂，像军乐，像拉德斯基进行曲，激励着划桨手奋力前行。皮划艇俱乐部数十位来自各行各业、各年龄层的成员，在用一种与众不同的方式——双桨，去丈量每一寸水面，探索大自然最灵动的生命。

划累了，端起高脚杯茗一口红酒，转头瞥见岸上那些气定神闲的垂

素不相识的人在这里一起划桨，也能其乐融融

钓者；傍晚时分，逆着西斜的阳光，则可以看到三两白鹭，欣赏一下它们在湖面上的优雅的剪影。

"一道残阳铺水中，半江瑟瑟半江红"，再美的夕阳唱晚都不如真正身临其境来得美妙。

俱乐部每个月都会举办各色各样的活动。有个人竞技，也有团体活动。去年中秋节之际，皮划艇俱乐部举行了"美食，美酒，夜划"的中秋夜活动，参与者坐在皮划艇上，吹着习习凉风，徜徉夜河，明月皓空，又有美酒相伴，岂不快哉。今年还将举办皮划艇夏令营，龙舟比赛。

用黄彦的话来讲，何不让自己重活20岁？

不可控性的魅力

凌 奇

　　走进位于光华路68号文创园区的RC模型赛车店，第一眼就会被这里浓浓的"极客"氛围所吸引。

　　进门后的右手边是陈列着各式各样模型赛车车架、零部件的玻璃橱柜，按照用途分类它们被有序地摆放在不同的位置，组合出酷酷的机械质感。

　　RC模型赛车店的负责人巴比是个不折不扣的技术宅，在接受采访时

让赛车恣意的飞驰于赛道，那种不可控性简直酷毙了

话并不多，但他所流露出的对于模型赛车的热爱感染了我，这份热爱比言语更能引人走进这个赛车的小世界。

RC，意即"Radio Control"，无线电控制，通俗地讲也就是所谓的"遥控赛车"。模型世界就是缩微的真实世界，这句话套用到车模运动上也是同样成立。和真实的汽车一样，模型赛车也有独立动力源、人——机转化系统，渐进的油门刹车，双横臂独立悬挂、齿轮齿条配合步进电机的转向系统、齿轮——皮带或轴传动机构……使用二冲程内燃机的车模，甚至还有缩微版的内燃机、化油器、排气催化系统等零件，而其精细度却是民用发动机所无法比拟的。

一辆最基本的赛车都是通过各部分的零件装配而成的。巴比告诉我，

赛车飞一般的速度令人血脉偾张，内部零件的精细程度令人惊叹

光是一台只包含底盘、悬挂、前后羊角、无线电信号接收装置、控制执行机构的净车架，其价格就基本达到上千元，如果追求高端一点的配置、甚至是顶级配置，那几万元的投入恐怕也收不住。

面对如此"发烧级"的模型赛车装配，我忍不住自己的好奇心，兼带着一点点吐槽的意味问到，"可是模型始终只是模型啊……这样'巨资'的投入感觉都快赶上真车了吧，真的不会心疼么？"

"我觉得有一点你肯定能认同我，那就是每个男孩子的内心里都住着一个赛车手，即便到了像我这样已经当了爸爸的年纪，这份热爱也不会减少。从小时候最普通的四驱车开始玩起，之后慢慢接触到RC模型赛车，最初的兴趣爱好变成我现在的工作，中间的开销确实挺大的，但这是一个缓和的过程，乐趣都是在学习和琢磨中得到的。"巴比喝了一口手中的可乐，补充到，"要是真正喜欢一样东西啊，你会去区分它是模型还是真的吗？"

随后巴比带我来到RC模型赛车店内部的赛车场地，室内顶棚的灯光亮起，他将自己的爱车放上赛道起点线的位置，这一幕极具仪式感。巴比走上二楼的操控台，赛车在他精准的遥控下恣意地风驰电掣于赛道，嗖嗖的冲刺声令人血脉偾张。

"别看这个赛场不大，比起赛来的讲究一点都不比真人赛车少。上赛道的选手的模型车在各方面都要严格遵守比赛要求，不然很容易发生'车祸'。"顿了顿，巴比继续说道："不可控性也是赛车的一大魅力。我们楼上办公室门外贴了一句Mario Andretti的名言，你可以去看一下。"

那句话这样写道：If you have everything under control, you are not moving fast enough（如果一切尽在你的掌控，那只能说明你开得还不够快）。

听起来酷毙了。

闵行"一街"

吴玉林

那年花开月正圆,今宵依旧金平夜。

"金平之夜"——上海南滨江广场文化节举办的当天下午,一连几天淅淅沥沥的雨还是没有停的意思,记者同担任演出任务的义山文化传播有限公司总经理朱群一起实地勘景。沿着金平路,从东川路一直走到凤庆路段,朱群感慨道,如此一条规模的社区商业街,在上海其他区很少见的,至少我没有看到过。

记者开玩笑道,是不是堪比南京路步行街啊?

朱群很认真地回答,从商业体量上,那自然不能同南京路比,但作为居住区里的步行街,金平路无论在建设规模、设计理念、交通体系配置

2007年,正在建设中的金平路东川路段

上已具备现代商业街区的形态。

"单就体量而言，不敢说金平路是'上海第一街'，但称'闵行第一街'似乎并不为过"，朱群一边忙着用相机拍着街景，一边说，"我相信，'金平之夜'文化节一定会让这里声名鹊起。"

记者笑了笑说，我家就住金平路附近，被你这么一说，还真觉得金平路挺"高大上"的。

"金"夜无眠，广场活动的N种打开方式

虽然天公不作美，"金平之夜"——2017上海南滨江广场文化节还是于9月25日晚如期举行。数千市民撑着伞披着雨衣流连忘返，金平路步行街成了纵情欢腾的海洋。

今年的广场文化共分为四大板块："夜·舞动""夜·青春""夜·呼吸""夜·行进"。

"夜·舞动"部分包括主舞台、广场舞专区和啤酒美食嘉年华。上海市及闵行区优秀群文节目在主舞台上一一呈现，给台下的上千名观众带来了一场视听盛宴，尤其是"颜值担当"Vocal Force力量之声组合登台演出。作为上海市旅游形象大使，他们为观众带来了不少经典的曲目，现场观众一片掌声和欢呼声，手中的荧光棒在夜幕下显得特别耀眼。

在主舞台不远处，是广场文化节的保留节目——广场舞专区，除了有来自江川地区的优秀广场舞团队，还有时尚新颖的时装表演秀，在节奏明快的乐曲中，300名大妈们轮番上演看家绝活，嗨翻了天。

再过去就是景谷路段的啤酒美食嘉年华，这是今年的新尝试，主办

方邀请了相关啤酒美食企业参与。担任啤酒售卖的竟然是外国的金发美女和帅哥，自然也吸引了不少饕餮之客。

"夜·青春"板块，则极大地吸引了年轻人的目光。The soulout project爵士乐团的到来让现场的观众兴奋不已，而"旅游文化进社区"活动团队则带来了世界级的魔术表演。大名鼎鼎的和平饭店老年乐队和上海交通大学、上戏谢晋艺术学院等表演团队的节目自然也吸"睛"不少。

更让人兴奋不已的是，由义山文化带来的3.5米高的巨人木偶，打破了舞台的约束，自由穿梭于人群和观众互动，令人大开眼界。连前来参加广场文化活动的闵行区委书记朱芝松等领导都忍不住上前同巨人握手致意。

在江川地区，放风筝一直是当地的特色。主办方特地设置了"夜·呼

每年秋天的"金平之夜"上海南滨江广场文化节都会吸引成千上万的居民参加

吸"板块，以江川风筝协会在国际风筝大赛上表演的风筝为主，在凤庆路至剑川路段利用大型实体发光风筝进行户外表演，广场与空中相呼应，也吸引了不少市民驻足观看，尤其圈了不少小朋友的"粉"。

更令人惊喜的是，主办方还邀请到了参加今年上海旅游节的花车巡游团队，25辆来自五湖四海的花车从淮海路主阵地"移师"闵行，光彩夺目的车身秀出各具特色的地域文化，引来当地居民竞相拍照。

当天的活动，还有泡泡秀、小丑气球、卡通人偶等街头艺术表演，更有互动的动力赛车、创意集市。而精心设计的带有"金平之夜"logo的荧光棒、荧光手环等周边产品让市民们爱不释手。

着力培育，让"文化品牌"散发魅力

文化改变你我。

健全的公共文化服务，是社会治理的好抓手。近年来，闵行区以上海合唱节、浦江沪剧节、市民文化广场系列活动三大活动为重点，积极开展各类公共文化活动，树立具有地区特色鲜明、市民感受度较高、社会参与广泛的文化品牌，打造群众自我展示、自我分享的平台。

而"金平之夜"就是闵行"健康、文明、快乐"的广场文化的缩影。

曾经一度被人诟病、被视为扰民重症的广场舞，在闵行却成了社区一道亮丽的风景线，同时以广场舞为切入口展开的广场文化活动经过深度挖掘，其外延还在不断扩展。

截至目前，闵行区在市民广场上已耗费了整整六年的心力——100个市民文化广场设施改造、市民文化广场管理办法推动、"金平之夜"广场

文化节应运而生，实现了从被动应付广场文化活动引发的问题，到主动思考、平衡广场文化活动的管理与突破，实现了华丽的转身。而六年间呈现的最大变化是原来被视作城市管理顽症的广场活动，今天已成为城区社会治理的有效助力。

这条路虽然开辟得很艰难，但让社区居民们更加清晰地感受到了文化的魅力。

2015年10月，首届"金平之夜"——闵行区广场文化节顺利举办。这是闵行区文广局针对各街镇群文资源特点，将区级文化品牌活动有针对性地下沉至基层的一大举措。江川路街道广场舞团队资源丰富、部分广场开展文化活动的地理优势明显，更主要的是，街道党政主要领导对举办这样的活动态度积极，无论在资金、后勤保障方面都给予了极大的支持。所以把区级体量的广场文化活动放到这里，占据"天时、地利、人和"的优势。

首届广场文化节，在金平路步行街上设置了一个主舞台、五个分舞台、四个周边活动点，有四十余支广场舞团队，参加现场演出的演员绝大多数是来自全区的社区居民，连同本地的街头艺人、魔术表演、滑稽戏、民乐及管弦乐演奏团队，为闵行区市民呈上了一场家门口的文化盛宴。活动当天，步行街上人流量达一万多人次，但整个活动井然有序、热闹非凡。

住在金平路附近的居民都打趣地说："好久没有看到这样接地气的活动了，文艺小分队又来了。"

2016年10月20日，晚风轻拂秋意浓，虽然连日阴雨，但第二届广场文化节如约而至。七个广场展示点，一个主舞台、两个分舞台、各种街头艺术表演，各种社会文化形态和文艺团队展示……如此丰富的群文活动，在老天给予的两个小时不到的雨歇之中璀璨绽放。

今年广场文化节在活动形式上则变得"更洋气、更丰富、更有创意"。

从闵行区广场文化节"变身"为上海南滨江广场文化节，不光是把名字改了，而且演出内容、艺术装置、灯光布置都显得更加时尚起来。用闵行区文广局局长杨继桢的话说，广场是很好的公共文化服务场所，而广场文化值得深度挖掘，"这里除了是广场大妈的秀场，也应该吸引到更多的年轻人"。

着力培育，的确让这样的"文化品牌"散发出独有的魅力。在"金平之夜"活动现场，八零后的夏丹华是带着家人一起来的，她对《新民晚报》记者说，她喜欢看演出，女儿要看花车，而先生喜欢喝酒，所以全家在逛完一圈后，在此驻足。而被大雨打湿全身的九零后吴萱琳兴奋地介绍，第一次听爵士特别享受，"家门口能办这么好的活动，淋点雨又有什么关系呢？"

特色街区，依靠文化扩大影响力

"金平之夜"——上海南滨江广场文化节举办地选址金平路步行街，可谓珠联璧合，相得益彰。

在老闵行地区，金平路步行街已经家喻户晓，它位于鹤庆路与剑川路之间，总长1.8公里，街面最宽处竟达六十多米，最热闹的要数东川路凤庆路段，聚餐饮、娱乐、休闲为一体，建筑设计上采用了"地中海"与"英伦"两种截然不同的风格，第一次来到这里的人都会为之眼前一亮。

如今的金平路两旁已成为高楼林立、人口集聚的现代化新社区

步行街的南端建筑错落有致，红瓦白墙、线条简单，带有众多的回廊、穿堂、过道、饰以圆窗、圆拱和镂空，活泼生动。而北端却带有强烈的英伦风格建筑元素，尖顶、角塔、多重人字形坡屋顶，砖红色外立面。

整条金平路地处老闵行成熟居住区，周边有丽都城、千代名墅、合生城邦、南洋瑞都等小区，还有闵行四幼、江川路小学、福山实验小学等完善的教育资源配套，社区品质和档次在本地属于相对优质。

金平路的人气平时一直很旺，尤其是每到傍晚时分，这里成了附近居民们的主要休闲场所，人们三五成群在这里散步、遛狗、谈天说地，街边大大小小的饭店、商铺灯火通明，霓虹闪烁，市井味十分浓厚。记者因为家住附近，便成了"两岸咖啡""南回归线"咖啡馆的常客，常会邀上朋友去那里小坐一会,喝茶聊天。朋友来拜访,也会请他们到金平路上走走,感受一下这里的风土人情,时不时会碰上相熟的人,聊上几句。

这样的社区街区是有温度有人情味的。而"金平之夜"之类的活动在这里举办,更为它赋予了某种特质,从建筑形态、设计布局上的美,注入了具有文化特色的深刻内涵。

在江川路街道党工委书记王文辉、办事处主任吴敏华看来,江川地区有着深厚的人文底蕴,是上海民族工业的发祥地,尤其是江川路,更是有着"中华香樟一条街"的美誉,这对讲好江川故事,打造属于江川的文化品牌,无疑是潜力巨大,大有可为的。

在"金平之夜"活动举办的前晚,记者采访了正在金平路上检查布置情况的王文辉书记。他说道,江川是个生态宜居的好地方,我们这几年将着力打造几条特色街区,既要有园林绿化为特色的街区,也要有文化内涵的街区。像金平路,硬件条件已经具备,但在业态布局上还有诸多不足,"金平之夜"活动是切入口,是个撬动点,我们希望在形式上能进一步扩展,在内涵上进一步深化,能充分体现城市文化的特色,成为多种功能特质的开放式街区。王文辉认为,金平路整体形象的打造,文化品位的提升和经营业态的调整开发,需要强大的管理机制支撑,"这方面我们已经着手做了,比如成立金平路路管会、设置'网格驿站'等,"他对记者说,"同时更要引进适当的文化活动载体,如此金平路才能成为名副其实的特色街区,在闵行乃至上海独树一帜。"

期待金平路步行街的明天,更期待通过"金平之夜"等文化品牌的打造,让金平路步行街真正成为"闵行第一街"。

越"夜"越美丽

李超伦

晚上8点左右,从编辑部所在的解放报业大厦出来,独自走在回家的路上,虽然我早已习惯上海近期的寒冷,也习惯了莘庄寂静的夜晚,可不知为什么,总觉得今晚哪里不一样?

一抬头,只见周边建筑顶部出现了一条条造型各异的天际轮廓线,流光溢彩,影影绰绰,仿佛天边都亮了!这才想起前几日闵行报的一篇报

夜间的景观灯

道《点亮闵行版外滩建筑群》：闵行莘庄地铁南广场夜景灯光改造一期项目已全面完成，并正式亮灯，一批全新LED灯光点亮了地铁1号线莘庄站南广场的莘城中央公园、好世鹿鸣苑、中祥哥德堡、世纪阳光园等三十多幢建筑。

夜间的景观灯，是最温暖最难忘的，驱散了寒冷，带来了希望。

在火树银花扮靓的街头，四周荧光闪烁。蓝色灯光照耀着车流不息的马路，街边树上挂着的珠珠灯、挂树灯，正夹杂着不停跳动的黑色斑点，随着路边车辆的过往，转眼即逝。眼前莘庄的璀璨绚烂似乎真可以与淮海路和外滩媲美了。

顿时，我一时兴起，竟然打起四处逛逛的念头。于是骑上共享单车，顺着街道，与光同行。

我来到作为周边居民休闲健身的重要场所——莘城中央公园，发现此处景观灯光设计还是颇有许多亮点的。首先门口是一片埋地灯，进去后主干道两边是庭院灯，高耸优雅，过桥时桥面上还亮起了地脚灯……置身柔和的光雾，让人心旷神怡、浮想联翩。不少市民拿出手机，拍下这浪漫的一幕。对于喜欢饭后散步的人来说，以后过来再也不用担心晚上黑灯瞎火了，地射灯将会一路照亮前进的方向。

柔和的灯光和着冬天的枯枝，让整个莘庄悄悄变得越"夜"越美丽。第一次觉得，原来闵行的夜是那么的迷人。

这般五彩缤纷的景观灯，让我不禁想起了上海的地标——外滩。外滩的景观灯一直是上海的城市标志，可前几年闹得轰轰烈烈的"熄灯"事件，让"环保"成了市民关注的重点。夜间景观灯设置"美则美矣"，但造成的资源浪费究竟值不值得？一时间众说纷纭，议论不休。后来，市相

2018年元宵节莘庄灯会点亮了莘庄地铁南广场的莘城公园

关部门决定，如果当天最高气温达到或超过38℃时，本市停止开放包括外滩、陆家嘴等城市地标的景观灯光，以确保市民度夏用电。

　　而闵行不存在这个问题，按照生态宜居主城区的要求，全区景观灯光的发展定位为：适度发展、多做精品、修旧建新、合理布局。一方面，在一些重要节点打造标志性景观灯光组团亮点，形成新地标，以点带面，提升闵行整体景观风貌水平；另一方面便是倡导绿色环保理念，对现有区属景观灯光设施实施改造升级，淘汰老旧低端设施，运用大量环保节能的新光源，提升生态环保能级，提升区域夜间景观灯光效果。就像莘城中央公园的埋地灯便利用了太阳能，据说晴天可以亮一个晚上，碰到阴雨天晚上也能亮三四个小时。

看着城市变得多彩的同时，心中又泛起了某些顾虑，小区周边这么亮，会不会影响居民休息？后来一了解才知道，设计方在建造时严格控制灯具安装角度，杜绝夜间灯光照射进卧室，试运行阶段还会不断调试；而对于有些人所担心的，关于屋面灯具安装是否会影响建筑防水问题，也有资料显示，此次屋面施工作业主要是管线敷设和灯具安装，所有打孔固定的地方均要补上结构胶防水，灯具安装时会定制混凝土墩子，将灯具安装于混凝土墩子上，不破坏防水层。

不得不为有关部门在"亮灯"工程上对细节的周全考虑点赞。是啊，让城市亮起来，美起来的同时，更离不开"绣花一样精细"的城市管理。

"郊野"之美

崔松鸽

　　浦江郊野公园是上海市七个试点郊野公园中离市中心最近的公园，汇聚了一批闵行最好的自然资源。公园东起浦星公路，西至黄浦江，规划面积15.29平方公里，一期开园面积5.28平方公里，即便是走马观花也至少需要近六个小时，一圈兜下来足足走了十多公里，并为郊野公园的设计和建造震撼不已：尽管可用"广袤"来形容，但能感觉到设计师、建筑师等能工巧匠们无不在精雕细琢，他们在以绣花般的精致建设浦江郊野公园。

浦江郊野公园正门

定义为"都市森林"的郊野公园，为市民提供各种带有艺术的休闲空间

  浦江郊野公园一期分为五大片区，功能上特色鲜明，风格迥异，能满足不同游客的口味和喜好：喜欢城市风光的可直奔奇迹花园区；充满本土情怀的可以到柳鹭田园区；想看最郊野和原生态的，滨江漫步区可以体会江边的浪漫和村庄的宁静；当然，都市人怎能少得了对运动和艺术的追求，活力森林区是最佳选择……

  过去这块土地上有33家中小企业，这些企业中大多存在违法建筑，有的还造成了严重的粉尘污染。然而两年后看到的是树木繁茂、河溪纵横，一片绿意盎然。可以说，郊野公园的建设让过去这个城区的"短板"，变成了现在的"样板"。

  奇迹花园区可能是一期最精彩的部分。浦星公路张行路上的1号门进去就是矗立着的一个巨型城堡——花精灵城堡，有点哥特式的神秘，又充满梦幻色彩，楼梯延伸下来，每扇门两侧都是盆栽墙体绿化，花朵随四季更换，四季有景，季季不同。

城堡下是16000平方米的鲜花谷，每年春秋两季，都会举行国际主题花展。刚刚结束的春季花展，吸引了大批游客前去参观游玩，高低起伏的地上已种植不少鲜花，不同造型代表不同爱的含义，可谓铺天盖地、气势磅礴。正当中一直往里延伸，是艺术花毯，再直走，是尚未最后完工的芙罗拉教堂。

花精灵城堡是奇迹花园的标志性建筑，也是园内景观的制高点。创造灵感来源于童话故事中花精灵的梦幻城堡，通过钢结构、建筑立面、垂直花墙、艺术照明等多种景观方式，让游客观赏花园景色。走在五百多米长的天空之桥上，可俯瞰魔力变幻、浪漫绽放。

旁边的梦幻花谷同样吸引人，巨大的山石营造郊野的感觉，以遍野的杜鹃和绣球花为主，奇趣拙朴的石头散落其中，蜿蜒的小路走过去，颇有探险意味，热烈不失宁静。

沿主干道再往里走，就是大名鼎鼎的大寨静湖，三座小岛是游客休憩的所在，三座亲水平台通过一个渐变色的漫花堤链接起来，可互通有无，到时候（每到花展期间都会）装上盆花，而且盆花花色也是渐变的。

柳鹭田园区位于浦星公路、联跃路、浦锦南路、申嘉湖高速围合的四方区域，面积不大，却是展示本地农耕文化的最好区域，联跃路的6号门进去后，右手边一条宽四米的红色主干道，紧贴河边往里延伸，用的是透气混凝土，雨水下来马上就被吸收，所以尽管下着雨，丝毫不见积水。

大寨河从园中流经，驳岸被改造成弯弯曲曲的，并铺设鹅卵石，贴近自然。再往里走，几个本地村妇挎篮经过，河上一座石头垒成的小桥，

夕阳下的公园景致别有一番风味

简直像拍电影一般，活生生地再现当地的农村生活。一路过去，林下草花姹紫嫣红，蓝紫色的鼠尾草和马鞭草，给田园风光增添了浪漫情调。

不觉中来到了"耕岛"，里面种有番茄、彩椒、茄子、向日葵、玉米等，因为怕虫子咬，工人们给梨套上了袋子。这就是植物采摘区，条件成熟后，游客可进去采摘，当然会限制客流量。整体造型，从高空看是两轮弯月。

另一亮点是一条六百米长有近四十年树龄的香樟大道，由丰收村一条村级道路改造而成，堪称自然森林廊架，夏天可蔽日遮阴。白墙灰瓦的农舍模样的是各种餐饮设施，能满足游客基本需求。

巨大的墙体彩绘上，有摇船的渔家女，有撑纸伞的姑娘，设计师将彩绘姑娘主人公取名为"浦小江"。一条三百米长的火车轨道上有小火车模型，是孩子们的最爱。柳鹭田园区北面的奇迹花园区本来是被申嘉湖高

浦江郊野公园分为五大片区，特色鲜明，风格迥异，能满足不同游客的口味和喜好

速隔断的，最近浦放路大寨河桥下通道打通，游客可直接走过去，在两个区互通有无。

活力森林区在昌林路、浦锦南路、沈杜公路、大寨河围成的区域，主要以林下运动空间为主。从沈杜公路上的2号门进去，沿主干道直走上桥可见一座起伏的建筑，这就是传说中的森林音乐演艺中心，一千平方米，主要用来做演艺、舞台、咖啡、音乐、交流等，线条流畅，动感轻盈，有条石座椅，草坪看台由红色圆柱横铺开来，充满艺术感。

旁边水中的废旧船坞和经过反腐处理木桩成为水中一景，引得白鹭纷纷而来，这是艺术与自然的巧妙融合。

在一片原始形态的香樟林里，园方准备了五六个"森林大喇叭"，通过物理原理放大声音传播，现代人想缓解释放压力，可以过来吼几嗓子。这片香樟林至少三四十年历史，因长势良好、苍翠欲滴，所以这次几乎未动，只是在里面装了木栈道，供游客在林中穿行。

整个浦江郊野公园80%为森林覆盖，林中穿行可谓它贡献给城市人的最精彩惬意之处；"生命之树"的雕塑通过对被砍的大树重新锯断、重组，做成倒下的大树的造型，警醒不要随意砍伐树木。

活力森林的另一看点是运动长廊和篮球场。红色的城市迷宫其实并不怎么迷惑人，只是高度抽象后寓意寻味都市生活；千米花溪以林下和溪边的地被，以紫花地丁、美女樱等花为主题，蓝紫色的星星点点散落在绿色的草地上。小朋友们喜欢的石头彩绘就在这个区，弹琴的小青蛙，小刺猬、猫咪等，萌萌的，很可爱。

如果你想真正品味郊野的感觉，直接到滨江漫步区吧，入口在沈杜

以《西游记》"三打白骨精"的内容改编的剧目在郊野公园上演深受孩子们的欢迎

夜色下的城堡，让人误以为走进了迪士尼乐园

公路近杜行轮渡站的大门。走进去里面有沿江四公里长的慢行步道，步道红灰双色，不时分叉到旁边的小树林，幽静得很，林边红色的夹竹桃已盛开，堤岸那边是滔滔江水，雄伟的闵浦大桥就在眼前，阴雨天不好，烟也蒙蒙，雨也蒙蒙，薄雾里的大桥依稀可见——再也没有比这个更浪漫的了！

滨江漫步区平面向东延伸，深入丰收村腹地，进去后是原始的小村庄。借助郊野公园建设，通过对原有环境的改造，整个村庄环境的自然风貌也能得到提升，包括环境卫生改善、水系沟通、道路更新，等等。

因为郊野公园建设的首要原则是生态修复，其次才是提升景观品质，依托现状资源，在保护基地自然、人文风貌，强化自然野趣特色的同时因地制宜地挖掘基地自然人文资源，打造公园的特色景观。旁边闵行绿道模样的木栈道，可林中漫步，它还有个更好听的名字：杉林润溪。滨江漫步区还有不少景点：芦花摇曳、红杉镜塘、夕阳水岸等都值得期待。

滨江漫步区东面，紧贴着的就是森林游憩区，有很多景点，如"银杏醉秋"，通过林下种植山麦冬和吉祥草，在观林的同时享受水系和林下景色带来的愉悦，到秋天游客就能享受到了，而"荷塘月色"，一定是盛夏的一景了。

出门就是"都市森林"

王丽丽

2015年,时任闵行区区长说:"一次回应周遭市民呼声的政府行动,让很多人有了获得感,3.8公里应该只是开始。"没想到仅仅一年半后,他的话就得到了验证,"3.8公里以远"已变为"15公里以远"。

掩映在绿树丛中的绿道,让居民享受城市"氧吧"的清新

凛冬亦有好景致

  时值冬日，观景时间实在有些尴尬，既没有春花尽开的烂漫，又没有层林尽染的秋意，更没有夏时的茂林密叶，阵阵寒风吹来，颇有不合时宜之感。在绿道中三三两两的行人。是附近企业的上班族，趁午休时过来走一走、消消食，虽然寒意萧萧，可比起闷在办公室里，这里倒别有一番情调。

  沥青道两旁的高大的乔木绿叶稀疏，许多树木干瘦嶙峋枝丫横亘，但作为以"绿荫慢行"为主题的闵行绿道，即使在冬天，绿意也依然处处映入眼帘。乔木落叶归根，灌木却四季常青，修剪得当的冬青井然有序。地面上小草有枯有黄还有绿，错落交叠，自然而生态，没有人工雕琢的匠气精致，也煞是可爱。小河道因冬天雨水稀少，比起春夏秋，显得有些干燥。缺少了雨水滋润，小河只能收敛起来，静静地守着一湾水待来年再蔓延。

  本以为全程的景色大同小异，走一段大体了解也就罢了，可没想到的是，在不知不觉中就体验了一把"穿越"的感觉，在路口处拐个弯，就有柳暗花明的豁然开朗感。

  路痴对迷路有特别的恐慌，尤其是被两旁高大树木遮住远眺视线的时候，好在这里有指示牌。绿道指示牌非常醒目，每个十字路口都有，标明了你所在的位置和下一个地点的方向。沿着牌子上所指的方向，进可继续徜徉绿道的怀抱，退可倒回到居民区或地铁站，毕竟这长长的15公里绿道连通着6个地铁站点。

  走在东川路上时，一个骑着自行车的年轻小伙子与我擦肩而过，早

美景入画，闵行绿道带给居民舒适、欢笑、健康、雅致

知道就租一辆单车来这里骑行锻炼了。绿道中设置有专用于骑行的自行车道，与步行道紧挨，白色的线把它们分隔开来。但这个车道是不允许电瓶车、摩托车进入的，宠物也被禁止入内。

风景这边独好，但还有许多居民并不知道这处掩映在树木中的所在。家住春申路的汪先生是上班族，每天下了班就匆忙回家，在自己小区内散步溜达，从来没有注意到春申路上还有绿道一说。一次偶然机会，他在新闻上看到有关闵行绿道的消息后才知道绿道的入口就在家门口附近。

"等过几天天气暖和了我就过去走走，听说还有惊喜。"汪先生满脸期待地说。

待到春来万花开

落叶归根是为了来年枝繁叶茂，蛰伏是必须经历的过程。待到春来，这里的一切又将不一样了。

在绿道中，你会看到一些新奇的玩意儿。在颛桥路段有一条长度约为一两百米的圆筒形钢结构，高度大约四五米，看起来十分独特。后来才知道，这里打算建设一条紫藤长廊。在靠近圆筒形钢结构的一侧种紫藤，待紫藤慢慢成长，从幼苗到成熟，长出枝蔓，渐渐地爬上来，布满整个长廊，而靠近马路的一侧还是通透的。紫藤长廊具有闵行元素，到了夏天，漫步于此，那一串串的紫藤花从钢架上垂下来，一簇簇紫色、白色的小花刺挠着人们的心。就如同电影《阿凡达》中的场景，美轮美奂。

除了紫藤长廊，位于颛桥镇的银桥花园小区外，还试建了"雨水花园"。一百多米的"旱溪"蜿蜒在草丛中，小溪中的每一块石头的位置都是工人们精心摆放的。这是他们根据"海绵城市"的理念，利用水生植物，将雨水进行净化。雨水在这里有一个滞留的过程，经过沉淀后流入雨水管道，水生植物把雨水中的脏东西吸附住，从而起到净化水源的作用。此外，颛桥还在靠近轻轨5号线的地方，修建了一条种满夹竹桃的养护便道。

江川路段的特色景点与颛桥又大有不同。在沪闵路西侧，紧贴5号线的高架下，有一条大约三百米的道路，两旁种满了樱花。到了三四月份，樱花会在人们的期待中开花，届时，这条三百米长的道路上将成为樱花的海洋，成为闵行的"樱木花道"。娇嫩的花瓣聚集在一起，娇羞地俯视前来参观的人们。清风拂过，花瓣离开花朵，纷纷洒洒，随风飘扬，光想想都令人心动无比。"没想到在自家家门口也能看到樱花。等樱花开的时候，我跟老伴也过来看。"一位在绿道上散步的大爷笑着说道。

行进至闵行绿道紫竹段，书香气息骤然浓厚。交大、华师大、紫竹科学园区等都被绿道串联起来，成为绿道上点缀的闪亮宝石。香樟、红枫等植被组成了一座天然的小森林，地势本就高低起伏，配合这些植被有错落有致的视觉享受。樱桃河两岸的风貌本就怡人，借河造景，现在保留了原本的植被面貌。看着腊梅傲立在风中，不禁莞尔，说绿道一年四季皆有花海绿林不为过了。

腹有诗书气自华，学子们出了校门就能来到这里，或寄托诗情画意的情思或挥洒胸怀天下的情志，有诗的地方未必是远方。埋头于科学研究的科研人员们在思路不畅、头昏脑涨的时候，不妨出门走走，清新的空气和满眼的绿色也许能让人神清气爽、灵感迸发。在江川东路的绿道上，几个年轻的姑娘坐在长凳上笑着闹着，热情洋溢的笑容充满了青春的气息。

这些难道就是"汪先生们"期待的"惊喜"？

15公里也才是刚刚开始

把点连成线，线再串成面，这是闵行绿道建设者们正在做的事情。"15公里以远"正如"3.8公里以远"，都只是开始，在不久的将来，将会成为"50公里以远"甚至"100公里以远"。

"绿道"，是线形绿色开敞空间，连接主要的公园、自然保护区、风景名胜区、历史古迹和城乡居住区等。闵行的自然景观以及人文景观多样，各具特色，生态空间布局为东西南北中五大空间板块。覆盖面非常广,多则多矣,但是十分分散,各生态片区间缺乏联系,无法形成规模效益和景观效益。而绿道,则有效地解决了这个问题,把孤岛化、碎片化的公园、绿地、林地等生态空间连成一体,构建集生态性、景观性、系统性于一体的闵行绿道系统。据悉,闵行绿道将分为都市复合型、田园郊野型和水绿生态型三大类,因地制宜,突出闵行各地区的特色。

整个"十三五"期间,东西南北中五大片区绿化林业建设改造和闵行绿道建设将是闵行生态建设的重点,可建绿道超过一百公里。2017年就计划建设绿道20公里,届时,闵行居民出门即是"都市森林",全方位地满足他们休闲健身的需要。

建设闵行绿道是开始,对绿道的维护也才是开始。"绿道给我们带来了很多便利,绿道的隔离墩、护栏、路牌、绿化带等,都需要大家共同珍惜保护。"

有一种味道日久弥新

叶智嫣　良岩之　查珺燕

所谓"儿时的味道","外婆家的味道",也许你可以认为这是一种关乎味蕾的感觉,也可以理解为是一种浓得化不开的乡恋和怀念。随着城市化建设极速推进,老宅老街逐渐逝去,许多"儿时的味道"正成为绝响,留存在记忆中。但在闵行,依然有坚守者们循着传承下来的手艺,烧出最地道的闵行味道,这坚守同样是一种梦想。对于世世代代生活在这片土地上的人来说,就那么小小的一口已然让时光倒流。

马桥豆腐干：六十年传承三代人

闵行南边有着一个古老的村落——马桥。这个现代行政意义上的小镇,千年前就已存在。相传,这里曾是一片汪洋,马桥就是那枚"海上遗珠"。在马桥人眼里,他们成长的这片土地是大自然的馈赠。

马桥人胆大,有勇也有谋,他们会创造自己的手艺,书写自己的非物质文化遗产史。比如,马桥豆腐干,它最早起源于清末民国时期,当时马桥地区已有人开始加工豆腐干,因其闻之清香、尝之味美,价格又很低廉,逐渐成了当地人餐桌上的日常食品。20世纪50年代开始,马桥几乎村村都有豆腐加工场。80年代中期,现代化的豆制品厂代替了粗放落后的手工制作,小作坊基本绝迹。唯独在马桥望海村的几家农户为了生计,

几十年来，乔家豆腐干延续着老马桥的风味，也倾注着手艺人的匠心

香气扑鼻的阿乔香干已然出炉

保留下了这种纯手工的豆腐作坊。直到21世纪的今天，马桥豆腐干已经成为招牌，越做越有名气，方圆几十里的人都有所闻。

然而20世纪80年代至今的三十多年里，望海村曾经最有名的刘家、曹家、乔家三家本地人开的豆腐作坊还是经历了各种变迁。种种原因让这些人家大都选择结束这门老手艺，被承包批量生产的马桥豆腐干的味道也大不如前，市场出现了许多假冒产品。

当然，还有许多人不知道，马桥豆腐干虽然是上海市民喜爱的本帮美食，十年前就已成为闵行区非物质文化遗产，但它长期处于"地下"状态，没有获得过生产许可证。

几经波折，2018年5月9日，马桥豆腐干终于告别"野路子"，闵行区马桥豆制品加工厂负责人乔长春拿到了上海今年"0001"号小作坊准许生产证，他的"阿乔豆腐"选择再次开业，用老手艺证明传承的力量，让人们再次尝到经典的老味道。

乔长春年近四十，他接手家里的手工豆腐作坊已经差不多二十个年头。说起阿乔豆腐的历史，他有些自豪。

"就是20世纪50年代吧,望海村家家都开始做豆腐干,我们乔家也不例外。当时是我爸爸的表叔首创的手艺,后来我爸爸就开始跟着表叔学做豆腐并接下了作坊,一直做到1995年我才正式接手家里的生意,所以现在的阿乔豆腐也算是传承了三代人的手艺了。"乔长春开玩笑说,现在儿子也爱吃家里做的豆制品,说不定以后还能传到第四代。

小乔说他小时候,最喜欢吃的就是村门口的油煎臭豆腐,那会儿家里没钱,每次想吃了就偷拿家里的黄豆去换,回家路上边走边吃,一会功夫,香喷喷的几块油煎豆腐干就都吃完了,这可以说是小时候最开心的事了,现在回想起来,那会就算是结下所谓的"豆腐情缘"了吧。

90年代初,小乔才十几岁的样子,当时他并没有想过要一门心思做豆腐,而是在外谋职,家里的豆腐作坊都是爸爸老乔在管理,那会他也就是闲暇时给家里打打下手,送送货。他曾做过水产批发、服装制造,甚至还当过一段时间修理工。后来家里的豆腐生意越来越好,他才就索性回家正式接手,开始潜心钻研起做豆腐的手艺。

乔长春是喜欢创新、喜欢动脑的聪明人,他不止在豆腐干的工艺上精益求精、青出于蓝,更是一直在思考如何更好地建设阿乔、保护阿乔。随着马桥豆腐干名声在外,假冒伪劣的阿乔豆腐也越来越多,要如何区分呢?以前的服装制造工作经验让小乔想到了"刺绣"的方法,也就是后来大家广为使用的豆腐干"绣"字,乔长春是第一人。

原先从事过的一些看似不相关的工作,也能对阿乔豆腐的品牌建设作出贡献,这是让家里人没想到也感到惊喜的。

马桥豆腐干之所以鲜香入味又多汁松软,其实就是三个字——不将就。对包括黄豆、酱油等原料以及手工艺的高要求,已经可以说是成了一

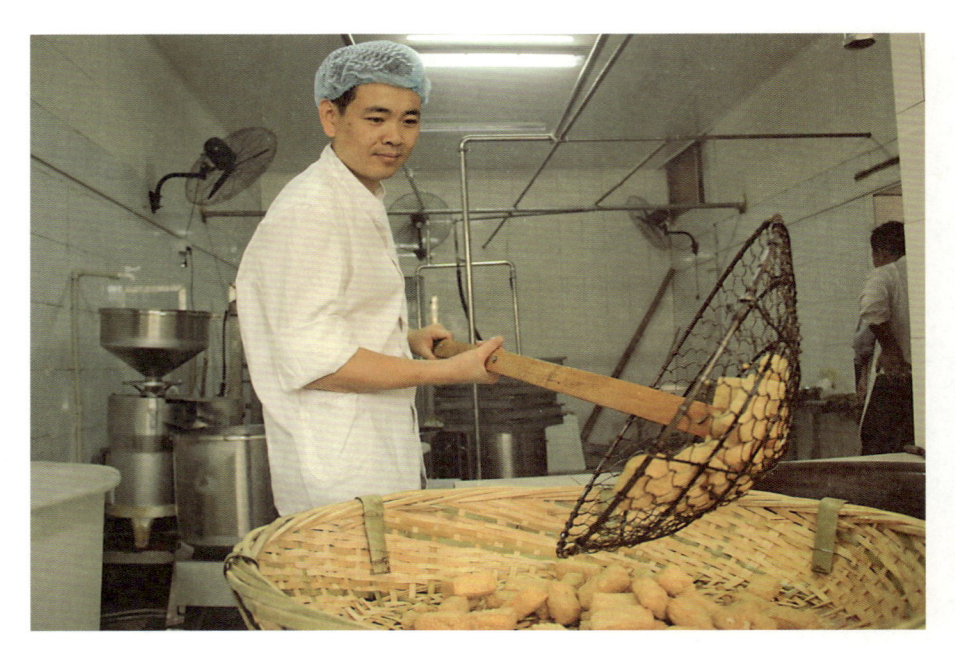

乔长春如今是乔家豆腐干的手艺人

种"执念"。

而正是这种执念，让望海村的本地作坊开始有了生存危机。由于物价的不断提高，制作豆腐干的成本开始越来越高，售价却还是和以前一样，这样收支的严重不均衡让曾经的老作坊都渐渐有了放弃的念头，阿乔也不例外。两年前，小乔迫于生计将曾经辉煌的阿乔承包给了外地商户。

让乔长春没想到的是，他的放弃让阿乔变了味。有一次，他带着家人到一家餐馆吃饭，就是这一顿饭，让他气恼也让他热血沸腾。

饭店里所谓的马桥豆腐干，打着阿乔的名号，味道却根本不如家里传承的那般味美多汁，可谓"失之毫厘，差之千里"；另一方面，身边的朋友都开始不断抱怨阿乔的味道大不如前，这都让小乔感到难过。也就是那时，他开始计划、重新开业、重振阿乔。

阿乔豆腐的重新开张，是一个"化蛹为蝶"的过程。乔长春并不满足于老工艺老味道，他到处奔波，采购设备，设计LOGO，创新做法。他告诉自己，既然重新再来，就要做得更好，再开张那天，要让大家吃到更惊艳的阿乔豆腐。这样的信念，让他支出了一笔高昂的费用，然而他却说，这和他的传承使命比起来，只是九牛一毛。

现在的阿乔豆腐手工作坊里，已经和过去截然不同。就装修而言，为了防止煮豆浆时候水蒸气上升导致墙面发霉，新作坊里拉起了顶棚，墙面都贴上了洁白的瓷砖，干干净净、亮亮堂堂，这是在其他作坊看不到的；就设备而言，除了购置了最新款的打浆机、搅拌机外，小乔还亲自设计，订做了不锈钢锅、不锈钢管道。

这样一来，一方面豆浆传送都通过管道，减少了人工接触时的污染；另一方面，他也可以利用管道送浆的冲力，再多过滤一层豆渣，让豆腐相比以前口感更细腻，更香滑；就产品而言，考虑到产权问题，小乔请专业设计公司设计了外包装，还特意订购了食品专用包装盒。顾客只要认准包装，就不怕会买到假冒的阿乔豆腐干了。

乔长春有信心，重新振作起来的阿乔豆腐绝对不会让大家失望。然而，他也不是没有忧虑，毕竟，手工作坊和批量生产是一对永恒的矛盾体。小乔说，阿乔坚持用盐卤进行手工点卤，这才保留了马桥豆腐干的精华，锁住了传承的味道，可是手工点卤的最大弊端就是产量小。如果要发扬阿乔豆腐，就必须做大做强，可是如果要进军市场，就需要产量、需要生产力，必须放弃手工点卤。如果批量生产的代价是放弃质量，违背阿乔三代人几十年的传承精神，他又是一百个不愿意的。

"不管如何,我相信,只要我坚持品质,阿乔不会让大家失望,也总会走出一条自己的路,找到适合自己的发展方向。"这是乔长春最常重复的一句话。

华漕羊肉:5点不到排长队

"早上5点我到店的时候,老顾客已在门外排队,周末或国定假日更厉害,排起长龙一直到菜场外面。"阿三羊肉店的老板陆引飞这么告诉我。他说的场景我没见着,因为我到店时已是清晨6点,只看到小小的店堂里坐满了喝小老酒、吃白切羊肉的老人。8点不到,陆引飞已把当天准备的羊肉卖完,准备收摊回家。这天卖了三只羊,近180斤白切羊肉。

对地方志颇有研究的黄新兴老人考证,华漕羊肉起于清乾隆年间,诸翟、纪王、老华漕三个集镇都有远近闻名的白切羊肉技艺。我好奇,江南产羊,各地都有食羊的习惯,为何唯独华漕羊肉如此出名?黄新兴解释,早年间,这里靠近吴淞江,水系发达,各种"草"沿河而生,像益母草、鱼腥草、车前草、马兰头等均能入药,而"益草"更是本地羊的主要食物来源,由此育成的湖羊毛色光亮、肉质结实、滋味鲜美。如今的羊虽来自外地,但还都是湖羊,胜便胜在制作工艺。本地的羊肉加工经过上百年的传承,每家都有自己秘而不宣的秘方。总体来说,纪王偏咸鲜、诸翟重原味、老华漕则清淡。

我惊讶于还真有传了三代的羊肉店,比如纪王的侯氏羊肉、老华漕的华美弘羊庄。陆引飞是自学的,依靠诸翟羊肉的好名头和自己的勤学苦练,闯出了名堂。1989年,26岁的他和老丈人及姑父一起开了这爿羊肉店,那时还在华漕老街上。羊是外面进的,但宰杀、拆骨、分肉、下汤、焖烧,没有祖传,每一步都得自己一手学。他说,一大锅羊肉少则百来斤,多则五六百斤,火候最重要,在土灶上烧开,然后连续煨上五六个小时,出锅的时间全凭经验。

庄行羊肉节上,华漕羊肉协会组织本地店家一起去,陆引飞吃到了同样有名的庄行羊肉。他悄悄对我说:"吃不惯,他们的羊肉用清水煮,放了各式汤料;不像我,只放盐与生姜,用老汤……"在外人眼里,华漕羊肉的秘诀就是老汤,那锅从1989年烧起,已经历经近三十年的老汤,连他都算不清"喂"了多少只羊。

卖羊肉自是辛苦,早上八九点钟宰杀好的羊送到他杨家浪陆家宅的

夏伏天吃羊肉烧酒,好味道,好享受

老宅里，天凉的时候下午开锅煮羊、晚上捞，一夜冷却凝冻后，清晨运到店里；天一热，羊肉易坏，便改成晚上烧，半夜两三点捞，出锅的羊肉直接开卖。老食客都晓得，刚出锅的热气羊肉，吹一吹，不用筷子，手捧着用嘴可吸，入口即化。

小小的阿三羊肉店里，客人始终络绎不绝。近三十年来的每个清晨，陆引飞几乎都在店里，客人无论要一斤还是50元，他一刀下去，八九不离十。他习惯性地把羊肉的切面转向客人——晶莹的肉皮、薄薄一层雪白如粉的羊油、淡粉色的瘦肉。他笑着问："侬看这块羊肉漂亮哇？"

颛桥桶蒸糕：手艺用老法，凭的是经验

"阿小弟桶蒸糕"只做到每年的4月中旬，然后进入夏歇，一直到9月中旬天气转凉，才会重起炉灶。

天热不做桶蒸糕的原因很简单，"一是灶间太热待不住人；二是原料只有米、糯米和糖，不加防腐剂，气温高很容易发馊。"桶蒸糕就在自家的几间私房里制作，平日里就是宋爱华和丈夫罗仁官以及公公婆婆四人操持。生意倒是出奇地好，淡季一天也有两百斤，宋爱华算好当天的量，前天下午备料，早上3点半起床，一直忙到8点，新鲜出炉的糕一般早上便卖完了，下午即使慕名而来也只能再等明天。

重阳节和春节是一年中桶蒸糕卖得最好的时节。一天两千斤，每天要开工14个小时。两边家里的二三十位亲戚都会过来帮忙，几人合作一道工序。可以想象那是难得的热闹与团圆，一大家子人聚在一起，手上忙碌，可嘴上说说笑笑，尽享阖家之乐。

听起来，如今依赖手工的桶蒸糕有着广阔的市场，大可以做大做强。"不是没想过，因为季节性，没法请工人"，宋爱华说得诚恳。我试着给她出主意，比如添加食用防腐剂，这是食品行业惯用的保鲜手法。她断然拒绝，说桶蒸糕的手艺袭用的都是"老法"，加防腐剂就不正宗了。许多从城隍庙、浦东三林塘赶来的老人看中的正是"阿小弟桶蒸糕"的原汁原味，传统和自然。

颛桥这边的桶蒸糕已有百多年历史，老一辈人人会做。不过，50岁左右的这辈人能做好桶蒸糕的唯有宋爱华了。喜欢做点心的她，几乎掌握着所有本地糕点的做法，除了桶蒸糕，还有方糕、重阳糕、海棠糕、梅花糕等等。

糯米的黏性不同，凭的还是经验；根据气温，决定浸泡于水的时间；淘尽杂质。米汤不清，糕就不爽口；送去机器研磨成粉，当场取回，用筛子筛出均匀的米粉，拌入糖；拌好的料平铺入杉木桶，再加一层糖，五层粉四层糖，放上灶头，大火急蒸，二十分钟出炉。这里面讲究很多，每一步都要尽心。

农家传统的柴火大灶，算是"阿小弟桶蒸糕"的秘诀之一。没有灶台的火力，自然难以蒸透这五层厚、十斤重的桶状糕。只是完整保留灶台的人家不多了。像所有的手艺人一样，宋爱华也有自己的"讲究头"。她认真地说："在灶头间，不能当着桶蒸糕，讲它的闲话。"不能问未成型的米粉会不会流下去，糕的味道怎么样，什么时候才能蒸好等等。"一问，糕就做不好了，要么蒸僵掉，要么成不了型。"宋爱华的婆婆肯定了这种说法，她说放在过去，好奇的小孩问这种话，大人要请他"吃头塌"。

我联想到绍兴师傅做黄酒前，定要祭拜酒神，以求自然之力庇佑他们做出可口的佳酿。不管是酿，还是蒸，食物在最后的转换中总有不确定的部分，敬畏说到底是手艺的熟稔带来的谦卑。

浦江烧卖：错过了季节，就得等明年

春雨过后，春笋又嫩又鲜。每逢此时，也是倪可正一年里最忙碌的时候，他做的浦江烧卖用最新鲜的春笋和肉拌成馅儿，再包成亭亭玉立的桃花模样，蒸熟后馅汁满溢，别提多好吃了。今年的浦江春笋烧卖已经在3月头上市了，这是在浦江流传了百年的本地小吃，颇受当地人的喜爱。可惜，春笋一落市，浦江烧卖就跟着停产，拥趸们一年到头就盼着那两个月，其余时间只能流着口水怀念。由于上市时间短，这地道的本地烧卖，就连很多上海人都没有亲口尝过。

源洁烧卖店是家开了二十多年的老店，在浦江人心里就是春笋烧卖的代名词，他们直接称呼店老板倪可正做的烧卖为"可正烧卖"，最顶峰时这"可正烧卖"一天竟能卖出去8000只。然后，在5月的某一天，店铺又神秘地关门停业，再要吃春笋烧卖，就要等来年了。

来到位于鲁汇菜市场东环路上的源洁烧卖店，不出所料门口正排着长龙。这家从1992年开始经营的烧卖店每逢3、4月，总是门庭若市。

倪师傅告诉我，每年烧卖上市的时间都不一定，因为最关键的原材料是春笋，得根据春笋的自然生长周期，来确定烧卖的制作时间。太早出产的笋口感偏粗，晚期的笋则鲜度不够，而真正又嫩又鲜的春笋，口味是甜的，往往只有一两个月的"寿命"。

"一次不要吃太多，三个刚刚好。"倪可正笑说。春笋烧卖的一般吃法，是蘸一点醋，用酸味吊鲜，会更加爽口。还有一种本地吃法，那就是两个笋馅儿的烧卖搭配一个豆沙馅儿的一起吃。源洁烧卖一盒 12 只，10 只春笋鲜肉馅，还有 2 只豆沙馅的，就是为了满足本地人喜欢吃豆沙烧卖的习惯。"一口甜，一口咸，勿要忒适意（过瘾）哦。"

和普通烧卖矮墩墩的样子相比，春笋烧卖则娇小修长。烧卖的开口处，半透明的面皮晶莹剔透，微微打开，露出一点点内馅儿，看起来还真有几分神似含苞欲放的桃花。

"要把烧卖做得像桃花，关键在于擀皮的功夫，我的烧卖皮都是一个个手工做出来的。"倪师傅拿着一个当中球形，两端长棒的自制工具说。面皮先要大致压成圆形，再擀成内厚外薄，裹馅儿的中心地方要厚，面皮边上一定要薄，面皮边上还不是光滑的，而是微微有些波浪和凹凸感觉的形状。如此擀好的面皮包上馅料，在手掌里稍微捏上一捏，再打圈一转，烧卖才算做成了。蒸好后，外圈波浪形的面皮随着热气展开，自然呈现出一朵桃花的形态。

单单擀皮擀得好还不行，蒸烧卖也有讲究。一定要把水烧开了，再上笼蒸，大火蒸 8 分钟，最多 10 分钟出笼。六成熟的时候要洒点水，滋润一下，这样蒸出来的烧卖"卖相好"，也最好吃。

怎样调出最完美的馅儿？倪可正分享了他的秘方，10 斤笋+12 斤肉+3 斤皮冻。春笋烧卖的馅儿里，春笋占四成，只用鲜嫩春笋里的嫩头，当天入货当天使用，切碎成细丁后，加入精制油等；鲜肉虽然占六成，但从味道上来说，却是辅料，用的是新鲜的夹心肉，把肥瘦肉分开剁碎后，按 2∶8 的比例拌和。最后，还要加入少量的葱和肉皮冻，调出鲜口。只有按照这个比例调制的馅料做成的烧卖，在蒸熟后，入口既能吃到春笋的脆鲜，还能尝到伴随的肉香，肉皮冻一蒸即化，一口咬下去，就是一包汤。

在倪可正看来，春笋烧卖就像一年一度的桃花，美不胜收，但正因为花期很短，所以花开之时，更要细细赏味。

青桔一碗面：藏在800年的古镇里

美食家的菜单里总会有一碗心仪的面，而在闵行，无论是大饭店还是小食摊，汇聚了越来越多来自全国乃至全世界各地不同品种的面条。的确，面条的"秘境"值得探寻。

藏在上海东南角八百年古镇里的一碗面！有人开玩笑说，要命啊，离开市区30公里，天没亮就出门嘞，就为了吃上召稼楼保南街63号"青桔一碗面"的牛肉面！下午1点以后就不卖了！老板回家熬肉汤去了！面条自家配方DIY！吃过都说"老过瘾噢"。

早上10点来到召稼楼报恩桥下的"青桔一碗面"，店里店外已经坐得扑扑满，一问，有从嘉定特地赶来吃面的老夫妇，还有在附近外企工作的老外。老外说特爱吃这里的牛骨面，有一股很浓郁的奶香味，就连大名鼎鼎的美食家沈宏非也曾推荐过这家店。

这里只卖四种面，牛肉面、牛筋面、牛骨面、双浇面。老板娘极力推荐招牌牛骨面，一口下去汤非常浓郁鲜美，并没有很浓的酱油味，牛肉和牛筋已经炖得相当酥烂，怪不得邻桌的老奶奶牙齿都掉光了，还吃得那么津津有味。牛骨是带骨牛小排，老板娘相当骄傲地介绍，我们用的是澳洲牛肉。店里也有个特殊的规矩，一个人至少点一碗面，拒绝两人及以上合吃一碗面！

　　熬制这个牛肉汤底大概要八个多小时，青桔一碗面的厨房间太小了，老板每天中午一收摊，马上要赶回家准备明天的食材，如果做个夜市的话，原材料供不上，口味就难以保证啦。

　　在牛肉汤里加上一些青橘，这会让醇厚的牛肉汤头变得很清口。也推荐食客们吃面的时候点上一杯青橘茶，非常滋润解渴。

　　中午12点钟，老板对店里的食客们宣布："只剩最后30碗咯。"下午1点左右每天限量的300碗面就全部卖光了，想吃上青桔牛肉面的朋友一定不要睡懒觉哦。

　　青桔一碗面的口号是"誓做召稼楼最好的面"，红白窗棂下贴着的宣传画，还配了小诗：只因有你/我把那种属于你的幸福雕刻在了/青桔一碗面里。

无老锅 养生 Elixir

韩国村&台湾街的黄金混合

夏 晖

　　这里的金汇路，不仅是一条金汇路，而是以金汇路为中心，襟带起金汇南路、虹泉路、紫藤路、红松路这几条快速崛起的休闲街所形成一大片区域。鳞次栉比的韩文招牌、韩国食物、韩式咖啡馆是此地最张扬的特征，吸引的大多是附近的韩国侨民与"哈韩"的年轻人。再细心一点，不难发现地道的台湾美食也"隐身"其间。

　　与韩国文化借助韩剧流行不同，台湾美食借力夜市文化，在海峡这边形成了强大的亲和力，所以进店消费

台湾美食给人的感觉是小而精巧，颇具亲和力

的除了在上海打拼的台湾同胞，更多的是本地居民。而把这里形容成"韩国村"与"台湾街"的混合体，再恰当不过了。

紫藤路上的中餐馆，一一被韩国餐馆所取代

紫藤路是最早兴起的，2000年开发之初，只按普通美食街来规划。虽也有几家韩国料理店，却不成气候，绝大多数还是中餐馆入住，做的是家门口的本地人与出租车司机的生意。可就在这几年间，中餐馆的招牌一个个消失了，取而代之的全是韩国餐饮。2005年时，44家饭店中38家为韩国料理。这背后其实是顺应了一个大趋势——随着中国经济高速发展，大量韩国侨民来到了上海，而且集中居住于该区域。人在异乡更想念家乡

韩国村自然成市，政府只是做了引导

的口味，这与海外的"唐人街"同理。

2005年之后，"韩国村"的中心转到了空间更大的虹泉路。路的北侧，虹桥镇井亭村有意识地将井亭大厦、井亭天地生活广场打造成韩国主题商场，引入的全是正宗韩国商家，与南侧的社区沿街店铺一起形成了丰富的休闲街业态。进而带动起金汇南路。

北面金汇路的兴起与专卖"A货"（国际大牌的仿制品）的大通阳商场有关。襄阳路市场关闭后，部分商家搬到了这里，于是大通阳声名鹊起，许多来上海的老外都会把金汇路安排进行程。正巧周围社区也是台湾人的聚集之地，做夜市小食颇有传统的台湾商家嗅到了商机，于是纷纷开出餐饮店。加之不久后红松路又按美食街布局进行了改造，形成内店家、外骑楼的形态，非常适合步行，很快聚拢起人气。

泡菜、烤肉、韩式生鱼片之外，弥漫着咖啡香

韩国食物比较简单，除却必不可少的各色泡菜，主要做的就是烤肉和海鲜，顶多再加一碗人参鸡汤。不过，美食的真谛并不在于多复杂，而在于多用心。

同样是韩式烤肉，这边的牛信亭、水源王、本家里都有最正宗的韩式炭火炉，比起那些在商场购物中心里常见的连锁韩国餐馆，这几家的肉质不管是厚实度还是口感都要好上一成。海鲜则首推紫藤路上的海云台生鱼片，与近邻日本一样，韩国人也爱生鱼片，海云台端上桌的都是满满一盘现切的海鱼，胜在极新鲜。

韩国人喝咖啡也上瘾，他们喜欢把休闲时光消磨在咖啡馆里。金汇

南路上漫咖啡的成功给上海的咖啡市场注入了一股强劲的韩流，沿街、三层楼、上千平方米的营业面积，极富创意的木结构装修让见惯了星巴克、costa 的上海市民竟然大开眼界。

漫咖啡带来了纯正的韩式咖啡文化，像是韩国偶像剧中常见的咖啡馆场景，洋溢着浪漫的情调，又带给人放松休闲的感觉。这里价格同样让人放松，一大杯咖啡30元，而一个带四大块华夫配蜂蜜、冰激凌的套餐不过四五十元，冷热水自取，许多客人在这儿一坐就是一下午。

最近一年，与漫咖啡相似的咖咖奥、Caffebene 等韩国本土知名咖啡品牌也在周边陆续开出，同样生意火爆。可以说，咖啡文化的蔓延使这些休闲街的业态更多元、更合理。

冻顶茶鹅、万峦猪脚、夜市牛排，听着都让人流口水

台湾夜市这两年在大陆博得了极佳的口碑。如果实地到过台湾，你便会发现以夜市小食为代表的台湾美食相当注重内在的文化。在他们的语境中，只要踏实、肯干，只要用足了心思、不偷工减料，无论是做夜市，还是街边小店，都能做成"百年老店"；无论是卤大肠，还是炸臭豆腐，都能形成自己的特色和文化传承。也难怪台湾媒体热衷挖掘小店老板的故事，因为的确"有故事"。

这种精神被带到了这里。鹅庄把冻顶茶鹅做到每桌必点，从金汇路东侧一家四十多平方米的小店，做到路西侧百多平方米带独立花园的餐馆，却坚持多年不涨价，保持10元、20元、30元这三档价位。紫藤路的

屏东万峦猪脚主攻猪脚和胡椒饼,纯正的台南口味让台湾本地人都觉得正宗。红松路的沈东宝牛排是最近美食节目的宠儿,35元能吃饱又让人觉得好吃的夜市牛排,看来同样很对上海人的胃口。

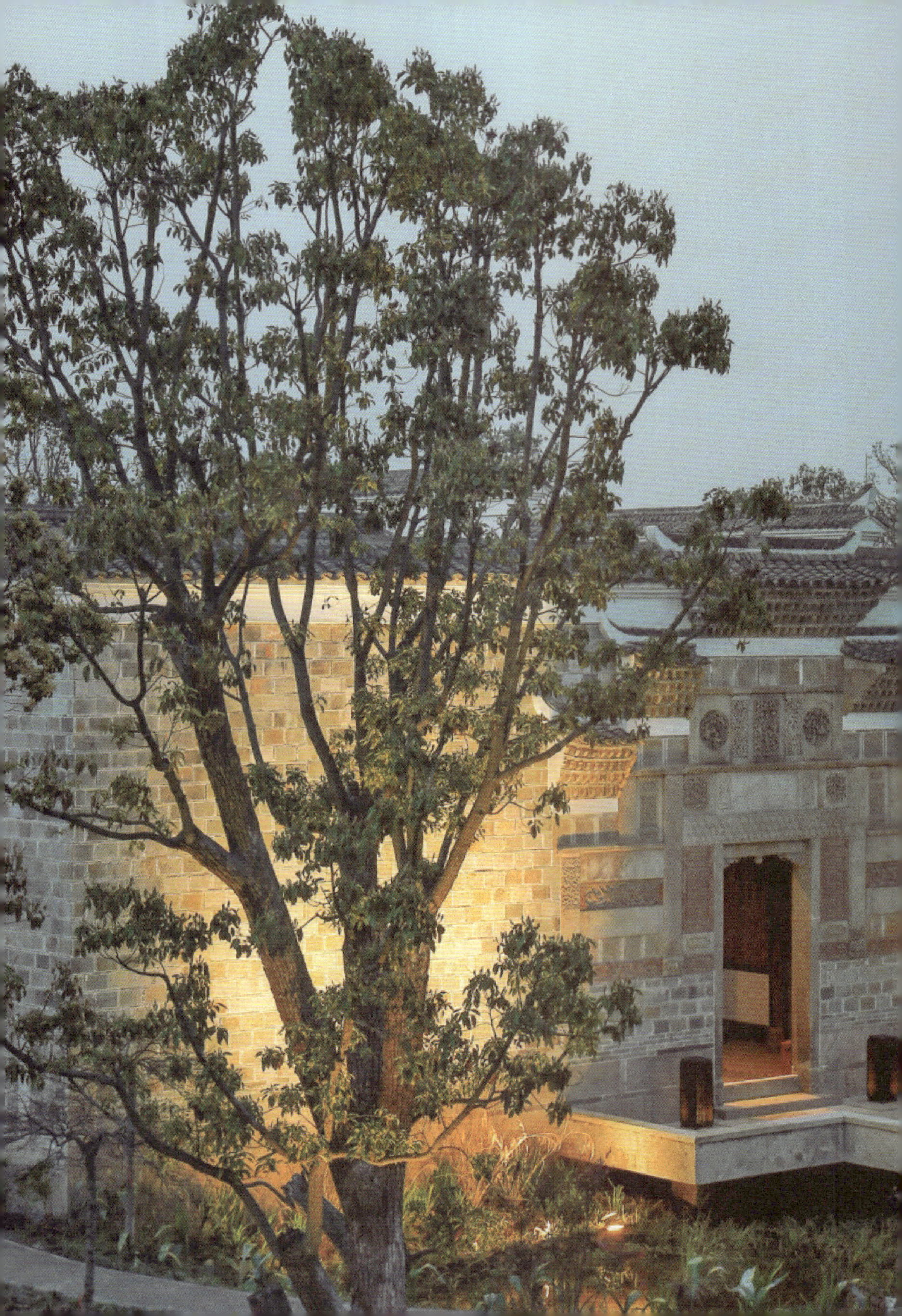

养云安缦：古宅的前世今生

赵 韵

这是我第二次来到养云安缦。

车从宽敞的元江路疾驰而过，稍不留意便错过了安缦的大门。不应该啊？我又核实了一遍地址，左右张望着绕了一圈，终于找到了安缦的正门。一块刻着名字的基石，一座仅可容纳一人的岗亭，一条只能两车交会的小路，构成了这座赫赫有名的养云安缦——的大门。哦，不对，是"小门"。

上次到这里的时候，安缦还在建设中，我只是参观了他们的样板房——一处隐在丛林和浓雾间的古宅

从藤蔓间感受古宅的呼吸，触摸时光的流逝

内敛、低调与含蓄是安缦永恒不变的主题

院落。通往样板房的道路甚至不能算是一条路，没有柏油铺就，没有路灯照亮，连一块标识牌都没有。寻寻觅觅间，一度以为迷了路，却又在柳暗花明处豁然开朗，古树森森，溪水潺潺，仙雾笼罩着一处古宅赫然而立。我当下便喜欢上了这个地方，也终于理解了"低调的奢华"是一种怎样的形容。

前世：陌上颜如玉

内敛、低调与含蓄是安缦永恒不变的主题。安缦的每一次选址，每一座建筑的改造，每一家酒店的设计，都会对当地文化进行考察研究，力

养云安缦坐落于一片宁谧幽静的树林中，主体设计为林间村落

求将本土的人文精神与自然景观达到最完美契合。

所以，当得知安缦在中国的第四家酒店选址在闵行马桥的时候，我在惊讶的同时，倒有种"马桥确实很合安缦胃口"的感觉。无论是作为上海"龙脊之地"的传说，还是堪称"上海之本"的五千年马桥文化，马桥这一具有浓厚人文历史底蕴的土地，能吸引素来看重文化的安缦酒店，是"意料之外"，却也在"情理之中"。

养云安缦坐落于一片宁谧幽静的树林中，主体设计为林间村落，将赣派古宅庭院重新设计、异地迁建。同时，上千棵国家二级稀有珍贵古香樟树被移植到此，其中不乏超过三十米高的千年古树。

这些古樟树和50座明清住宅是跨越了700公里，从中国中东部的江西省

安缦酒店大厅的装饰典雅而古朴

抚州运抵上海的。抚州是历史上著名的文化昌邦，拥有繁茂的古樟林与众多历史悠久的古村庄。2002年，由于城市发展变迁，这些古老的树林和建筑将被新建水库封存于水底。出生于江西的企业家及慈善家马达东先生带领由植物学家组成的团队亲自选择移栽树木，并邀请精通中国古建筑的工程师和专家团队负责从江西30个村落中拆解、运输珍贵古代建筑，在马桥进行重建。

运抵马桥后，能工巧匠以50座古建筑零件重新搭建出26座古宅。当古树开始在新的生长地吐露新芽、枝繁叶茂，悠久的村庄也在精心复建下，令每一块砖石都重新散发出历史的光辉。2007年，安缦开始加入合作，共同完成这个细致而精密的修复工程。已经存在了上千年的历史遗迹得到妥善的保护，并将继续留存于世。历时十年的精心养护，如今，环绕这些宅邸的移栽樟树已蔚然成林，而拥有华丽雕刻和浮雕的古宅经过能工巧匠之手，也终于涅槃重生，构成了养云安缦静谧安详的中心区域。

安缦酒店蕴藏着中国传统文化的智慧

今生：低至尘埃里

养云安缦坐落于马桥镇元江路靠曙光路段的西侧，南面为规划建设中的森林公园，东北方向600米处即为上海旗忠国际网球中心。与之前参观过的样板房相比，这里少了一丝仙气，却添上了一抹生活的气息。

迁移至此的古宅中的13座现已成为四卧室带泳池古典别墅，此外还有24间现代单卧俱乐部套房星罗棋布于养云安缦广阔的林泉间，整体布局与环境相辅相成。获救的千年古木环绕四周，观赏湖泊点缀其间。古宅子位于整个院落的核心位置，包括一套主套房、客厅、书房、餐厅和客套房；新建现代套房则位于古宅子外的新建现代建筑内，每一间都配有一个私人天井，住户可享受四周园林中的安宁隐居。古宅子和新建现代套房

从藤蔓间感受古宅的呼吸，触摸时光的流逝

连接了现代的舒适与来自自然的美观与放松。这里的路均由青石铺就，其下打有牢固地基，可保数百年不塌陷、沉降。这一举措造价不菲，不过，按酒店投资方古杉投资的董事沈兵的话说，灌注无数心血的养云安缦是要流芳百世的，等到了五百年后，要让我们的后世子孙依然能看到这处精致古宅，感受到中华建筑文化之美。

这座度假式酒店还包含五个餐厅——中餐厅LAZHU，意大利餐厅ARVA，全日餐厅NAMA以及酒水吧和雪茄室，每一处皆氛围优雅，气韵独特。充满诗意的林木间还栖息着综合水疗馆，为客人们提供健康和疗养全方位服务。此外，水疗中心还拥有众多理疗设施，一流的健身中心，两个游泳池，以及大型瑜伽普拉提工作室。

我踏进安缦的那天已值冬末，微微寒风中透着春意，阳光正好，梅香正浓。阳光透过参天的香樟古树，在青黄夹杂的草坪上撒下点点光斑。古藤缠绕的墙面，质朴斑驳的古井，精致唯美的石雕，让人宛如走在历史的隧道中。江西受到古徽州文化的影响，建筑文化不可避免地有所传承。但不同于人们所熟知的徽派，这里没有华丽的砖墙和门面，没有标志性的粉墙黛瓦，只有朴实灰砖与大块石料。而我，似乎也能从藤蔓间感受到古宅的呼吸，在包浆中触摸到时光的流逝。

安缦处处彰显出它的与众不同。从步入酒店大堂时起，闻不到其他奢华酒店所特有的香水味，取而代之的，是温润的金丝楠木散发出的，醇厚自然的原木味道。事实上，在养云安缦的内部设计里，几乎所有的家具都是木头的，床架、写字台、茶几、衣橱、房梁、立柱……这里整体的灯光都比较暗，只在必须要用到照明的地方才会使用灯。因为通过赫赫有名的顶尖设计师Kerry Hill的设计，这里的光影呈现出最合理的布局，透过

雕刻出砖瓦纹理的墙面，自然光温和地撒进房子内，照在木质的沙发上，照进整块岩石雕刻的浴缸里。这般极简而清隽的设计，不愧为安缦闻名遐迩的优雅审美。

最值得一提的是位于中心地带的楠书房。据说这是当初从26栋明清古宅中精选出的一座曾经用作私塾的古宅，如今将其进行重建后打造成了这处楠书房，以传承古宅的建制与精神内涵。这里以金丝楠木为主要载体，传承古韵，通过器物、空间的营造，提供怡情养性之所，叩启中国传统文化的智慧之门。这片区域还设有花道、茶道、香道、禅道等多处中国传统文化体验室，每一间都装饰得颇具古韵，每一处细节都考虑得当，悠悠古琴声，袅袅檀木香，甚至阳光下散落的细细尘埃都像是刻意修饰过的，优雅的气息透过瓷碟中干枯的佛手，插着一枝腊梅的花瓶，以及茶具上散发着柔和光晕的包浆扑面而来，让人不禁沉静下来，放轻脚步，连呼吸声都几不可闻。

在阳光灿烂的日子里泡一壶茶，看孩子在院落古树间嬉戏玩闹，开怀大笑；在阴雨绵绵的时光中燃一炷香，听雨声淅沥，沿着铁索流进院中池塘。无论春夏秋冬，无论风雨暖阳，在这里，总能找到一抹恬静，一份安详。

在阴雨绵绵的时光中燃一炷香，听雨声淅沥

后　记

在许多人的眼里，从前闵行是"乡下"。

她的前身是具有七百年建置历史的上海县，当然还有一块是被称为中国重工业基地之一的"卫星城"老闵行地区。

1992年9月"撤两建一"区县合并，闵行驶上了高速发展的快车道，曾被外界戏称为"土豪"。在2017年底，本市媒体"上观新闻"推出"品区·年度字"，为上海的16个区各"批"了一个"年度代表字"，而闵行的这个字，就是"城"。

用文章里的话说，这个词，既恭维了闵行在全市长期位居"三甲"的经济实力，也暗合了闵行从"乡"迈向"城"过程中一系列短板。

细细想想，好像的确是这么回事。

从田野阡陌落后乡村到生态宜居新兴都市，一路走来，闵行人对"城"的理解是逐步的、渐进的，也有着直观的、清晰的感受。我们在慢慢适应城市生活，享受着城市所带来的便捷、舒适、时尚，同时又对这座城莫名升腾起一种"陌生感"，因为许多从前所熟悉的风情、环境、建筑已慢慢消失，渐行渐远，有些还是那么地猝不及防。

所以，作为"发现闵行之美"闵行政协文史丛书"百舸争流"辑其中的分册，编撰《寻城记》的目的很简单，为这块土地留下一份成长的底片。细听岁月的倾诉，品味城市的内韵。

所谓"寻城"，事实上是分两部分的，寻的是我们记忆中的过往，寻的是我们目不暇接的现在。

新鲜中有熟悉的味道。这份感觉很好。

吴玉林
2018年10月

图书在版编目(CIP)数据

寻城记/闵行区政协学习和文史委员会编;吴玉林主编. —— 上海:上海书店出版社,2018.12
("发现闵行之美"闵行区政协文史丛书)
ISBN 978-7-5458-1735-5

Ⅰ.①寻… Ⅱ.①闵… ②吴… Ⅲ.①古建筑—介绍—闵行区②品牌—介绍—闵行区 Ⅳ.①K928.71
②F279.23

中国版本图书馆CIP数据核字(2018)第238782号

特约编辑 樊惠安　姚　尧
丛书策划 闵行区政协学习和文史委员会　明镜文化
责任编辑 沈佳茹
装帧设计 郦书径

寻城记

"发现闵行之美"闵行区政协文史丛书·百舸争流辑
闵行区政协学习和文史委员会　编
吴玉林　主编

出　　版　上海书店出版社
　　　　　　(200001　上海福建中路193号)
发　　行　上海人民出版社发行中心
印　　刷　上海豪杰印刷有限公司
开　　本　710×1000　1/16
印　　张　17
版　　次　2018年12月第1版
印　　次　2018年12月第1次印刷
ISBN 978-7-5458-1735-5/F.44
定　　价　88.00元